お正月からお祭り、七五三、冠婚葬祭まで

日本のしきたりが楽しくなる本

火田博文

はじめに

私たちの暮らしには、さまざまな決まりごとがあります。人と会ったときにおじぎをすることからはじまり、食事の作法、部屋での座る位置、贈り物のマナー、四季折々の行事……そんなしきたりに囲まれて、私たちは生活をしています。

ちょっとかた苦しいな、と感じたことは、誰でもあるでしょう。どうしてこんなに、守らなくてはならない決まりが多いのか。季節ごとのイベントや冠婚葬祭も、もっと自由でいいじゃないか。価値観が多様化している現在、そう思う人がいるのも無理はありません。

でも、ちょっと発想を変えてはみませんか。

しきたりに従う、縛られるのではなくて、積極的に体感する、楽しんでみるのです。

例えば、神社に正式参拝したことがありますか？　お正月の書き初めなんて、小学生以来ごぶさたじゃありませんか？　半年に一度、神社で行なわれている大きな輪くぐりって知っていますか？

意外に知らない日本の伝統行事を、ちょっとのぞいて、体験してみてはどうでしょう。古くから続いている風習を、今年は実際にやってみてはどうでしょう。きっと新鮮な楽しさを感じるはずです。

そして「このしきたりって、どんな意味があるのかな、どんな歴史を持っているのかな」と思ったら、本書をめくってみてください。ひとつひとつのしきたりの背景を紹介しています。

ふだんの暮らしの中にある決まりごとの理由を知ってみると、日常がちょっと潤うのです。そして「和」をもっと楽しんでみようという気持ちが湧いてくるはずです。

そう、すべてのしきたりや風習の源にあるのは、日本そのものを表す「和」にあります。この島国に暮らす人々は、自分たちのことをかつて「わ」と呼んでいたそうです。人と人とのつながり、村落を指していたと考えられています。これに平和や調和、和合など、人々が助け合って生きていくために必要な考えをすべて内包する「和」という漢字を当てて、国名としたのです。これに「大きい」という字をつけて「大和」とも称しました。

聖徳太子は日本ではじめての法律ともいわれる十七条憲法の冒頭に、こう記しています。

「和を以って貴しとなす」

人と人とがともに生きていくために、気持ちを和らげ、お互いに和み、和すること……日本のしきたりの根っこには、相手を思いやり協調していく、和の心があります。

ひとつひとつのしきたりや、伝統の食べもの、また個性的なお祭りや日常の挨拶《あいさつ》まで、和を大切にしながら体験・実践してみてはどうでしょうか。いままであまり知らなかった日本が見えてくるかもしれません。そしてきっと、いままでより、毎日が楽しくなってくるはずです。

日本のしきたりが楽しくなる本

目次

第2章 人生の節目でふれるしきたり

第3章 笑いのお祭り、福を呼ぶ儀式

第4章 暮らしの中の大切なしきたり

第5章 しきたりと共にある身近なもの

第1章

四季折々のしきたりを楽しむ

1月のしきたり

お正月の挨拶

1年のはじまりを迎える行事「お正月」。現代にいたっても、多くの日本人の中に根付いています。

1年のはじめに、日本人は誰かと会うたびに、挨拶を交わし合います。

「明けましておめでとうございます！」

新しい年がはじまったことを改めて実感し、今年もいい年であれば、とお互いに語りあうのです。毎年なにげなく使っているこの言葉、しかしそこには大切な意味が隠されています。

「明けまして」とは、年が明けた、新年がやってきた、ということを表しています。気分一新、心を入れかえて今年もやっていこうじゃないか。それはとにもかくにも、めでたいことだ……。めでたい。一説によると「芽出度い」と書くこともあるのだそうです。芽が出ること。それは命の息吹きであり、寒い冬の終わりと、新しい春の到来とを示しているのです。そんな状態を、古来の日本人は「めでたい」と表現し、喜んだのです。

さらにもうひとつ、「めでたい」は「めでる」という意味も持っています。褒め称え、あるいは祝うこと。その言葉に「愛」という漢字を、日本人は当てはめていきました。「愛《め》でる」という言葉には、「おめでとう」というその一言には、日本人の心持ちが集約されているのです。

そして心のこもった言葉というものはまた、具体的な力を持つことだってあるのです。それが「言霊《ことだま》」という、これも日本古来の考え方。

いい意味の言葉をつぶやけばいいことが起き、不吉な言葉をささやけば凶事を呼ぶ……そんなことを日本人は信じてきました。だから日々挨拶をして声をかけあうのです。だから結婚式のときは、離縁を連想させる言葉を出さないのです。かつて『万葉集』の中で柿本人麻呂は、そんな日本のことを「言霊の国」と表現しました。とりわけ新年の「あけましておめでとう」は、顔を合わせてそう声をかけあい、互いに相手の幸運を祈る、いわば呪文、おまじないでもあるのです。

さらに新年の挨拶は、文字として表し、手紙になって、遠く離れたところにいる大切な相手にも「言霊」を伝えるものになっていきました。年賀状のはじまりです。

その当初、奈良時代から平安時代にかけて、新年のお祝い状を出せる人々は、上流階級だけでした。文字の読み書きができて、かつ高級品であった紙を使える層は限られていたからです。

確認されている中で、日本でいちばん古い年賀状といわれているものは、平安時代中期の儒学者である藤原明衡《ふじわらのあきひら》が残しています。彼はさまざまな手紙の文例集を書いていますが、その中に年賀の挨拶状についての項目もあります。

「春始御悦向貴方先祝申候訖」つまり、

〝春の始めの御悦び、貴方に向かってまず祝い申し候〟

これが日本最古の年賀状の文面だそうです。

年賀状が一般層に広まっていったのは江戸時代ではないかといわれています。教育制度の発達によって読み書きや紙が広く普及していったことに加えて、道路インフラの整備が進み、飛脚による郵便制度が発達していったからです。手紙の往来は爆発的に増えましたが、とくに新年の年賀状と、夏の暑中見舞い（中元状）は好まれました。

いまではすっかりおなじみになった、お年玉付き年賀はがきは、1949年に発売になっています。そして2003年には、44億枚以上が発行されました。この年をピークに、少子化やインターネットの普及、価値観の多様化などによって、年賀状は年々、減少しています。

それでもきっと、お互いに幸せを願いあいたい、という気持ちの根っこに、変わりはないと思うのです。LINEでもメールでも直接お話するのでも、もちろん年賀状だっていい。1年のはじまりには、愛でて祝う言葉をかけあって、よい年にしたいものです。

行って楽しむしきたり

お年始回り

年始には、お世話になった人や親戚などの家を訪ねる習慣もあります。実家に帰るのはこの時期かお盆だけ……なんて人もいるでしょう。

もともとは戦国時代、武士たちの間で広まったといわれています。家臣たちが自らの忠誠を示そうと、お正月には上司の家にお邪魔したのです。

武士の年始回り（『諸国図会年中行事大成』1806年）

そんなお年始回り、元旦を避けるのがマナー。そして松の内（門松を飾っておく期間。地域によって違う。1月7日や15日まで）の間に訪れるもの、とされています。玄関先で手短に済ますべし、みやげは不要だけど気になるなら手ごろなものに熨斗《のし》をつけて……といった決まりはいちおうありますが、あまり堅苦しく考えなくても大丈夫。大切なのは気持ちです。

このお年始回りが簡略化されて、年賀状の普及につながったともいわれています。

1月のしきたり

お正月の「はじめて」

初日の出、初詣、初夢…1年のはじまりは「初」づくし。その由来はご存知ですか？

大晦日の夜――。まだ年も明けきらないうちから、日本人は神社やお寺を訪れ、日付が変わるのを待ちます。そして新しい1年を迎えると、その年のはじめての祈りを捧げるのです。

「今年も良い年でありますように……」

いまでは、例えば東京の明治神宮が毎年300万人の初詣客を集めているように、ちょっと遠出してみるイベントにもなっていますが、その昔は氏神さま……つまり自分が住んでいる地域の神社で行なっていたそうです。それも家長が、大晦日から元旦にかけて神社にこもって、家族の1年の平穏を祈ったのです。これを「年籠《としごも》り」と呼んでいました。

この習慣はやがて「恵方《えほう》参り」も取り込んでいきます。中国の陰陽道の考え方で、その年でいちばん縁起がいいとされる方角を「恵方」というのですが、この考えが日本にも入ってきました。自分の家から見て恵方の方角にある神社に、初詣をするようにもなっていったのです。

やがて江戸時代に入ると、交通網の発達や、戦国時代が終わって平和になったこともあって、各地の有名な寺社に、観光がてらお参りすることも定着していき、現在の初詣の形がつくられていったといいます。

「その年はじめて」にこだわって、少しでもいい1年の出発にしよう、という日本人の心がけ。それは初詣だけではありません。その年の最初の夜、いったいどんな夢を見るのか……「初夢」にもまた、占いのように願いを込めたのです。

初夢は一般的に、1年で最初に見る夢とされます。日付にはいろいろな説がありますが、元旦か1月2日の夜に見る夢のことといわれているようです。その夢の中で出てきてほしいものといえば、やっぱり「富士山」「鷹」「ナス」ではないでしょうか。日本一の山である富士山のように、大きく伸び上がっていけるように（また富士＝無事、にかけているという説もあります）。鷹のように空高く舞い、出世できるように、そしてナスは「ものごとを成す」に通じています。仕事や大切なことをやり遂げる、財を成す、吉兆であるといわれています。

どれもだじゃれのような遊び心の中に、日本人は新しい1年への願かけをしたのです。「一富士、二鷹、三なすび」と、ことわざにもなったこれら初夢3大キャストは、いずれも徳川家康が好み、江戸時代に広まっていったといわれますが、それ以前にも日本人は「いかにしていい初夢を見るか」ということに苦心してきました。

宝船や七福神の絵を枕の下にしのばせるのが定番でしょうか。この絵に「長き夜の　遠の眠りの　みな目覚め　波乗り船の　音の良きかな（なかきよの　とおのねむりの　みなめざめ　なみのりふねの　おとのよきかな）」という和歌を添えると、さらに夢見がいいといわれました。この和歌は頭から読んでも逆から読んでも同じ音を結ぶ「回文」です。室町時代につくられたといわれています。

富士山の絵を部屋に飾ったり、結婚式などの衣装にも使われる吉祥文様《きっしょうもんよう》をあしらった布団で眠るなど、日本人はあの手この手で初夢に賭けたのです。

また、せめて縁起の悪い夢を見ないですむようにと「獏《ばく》」の絵を枕の下に敷くことも流行しました。獏とは人の夢を食べるという伝説の動物。悪夢を食べてくれると思われたのです。

そうやって臨んだ1年最初の夢。きっといいもののはず。いや、内容よりも、初詣をして、初日の出を仰ぎ、先祖を思って、いい1年であるように準備をした……その心がけが大事なように思うのです。どんな夢でも良い方向に、そして都合良く（？）解釈できる前向きさ、ポジティブさこそが、年の初めには大切なのです。

体験して楽しむしきたり

書き初め

左義長の様子（©Yuriko IKEDA）

学校の冬休みの宿題に、書き初めが出されたという人もいることでしょう。1年の抱負をしっかりと文字にして書き示し、決意とするこの風習、もとは宮中の「吉書初《きっしょはじ》め」という儀式だったといわれます。それが読み書きや文房具の普及とともに、江戸時代に一般層にも広まっていきました。

書き初めを行なうのは1月2日。恵方に身体を向けて、心静かに思いを込めて書きましょう。書きあがったものは、その年ずっと飾っておきたいものですが、燃やしてしまうのがしきたり。近くの神社に持っていきましょう。1月15日前後の「左義《さぎ》長《ちょう》」という火祭りのときに、お正月に使った門松や注連《しめ》飾りとともに、書き初めも神社の境内で火にくべるのです。この炎でお餅を焼くと、病気や災いもなく1年を過ごせるといいます。そして左義長の煙とともに、新年にやってきた歳神さま（↓P23）は天に帰っていき、お正月のすべての儀式は終わるのです。

1月のしきたり

初笑い

「福笑い」は正月伝統の遊び。なぜ年のはじめに「笑う」ことが大切にされているのでしょうか？

その年はじめての祈りや夢と同様に、日本人が大事にしてきたもの……それが「笑い」ではないでしょうか。いまでもお正月になると、テレビはいくつもの「初笑い」番組であふれます。世相や社会の動きがどうであれ、お正月くらいは笑おうじゃないか、という日本人の気持ちが表れているようです。

この「初笑い」を、神事にまで高めた行事が、三重県志摩市の恵比寿神社で毎年1月20日に行なわれています。地元に愛されている「鼻かけえびす」という、鼻先の欠けた恵比寿さまを囲んで、南の海と浜とに向かって3回、バンザイしながら思いっきり笑うのです。恵比寿は福の神であり、漁業の神さま。この初笑い神事は、1年の幸せと、豊漁とを願うものなのです。その昔、このあたりに流れ着いてきた恵比寿さまを祀《まつ》ったことがはじまりだといわれています。

遊んで楽しむしきたり

福笑い

目隠しをしたまま、おたふくの輪郭を描いた紙の上に、顔のパーツを置いていく新春名物。江戸時代にはじまったものと考えられています。最近はあまり遊ばれなくなっていますが、これもやはりお正月は笑いあいたい、という日本人の心を映し出しています。いまではネット上のゲームのほか、撮影した人の顔を使った福笑いアプリなどもあります。

福笑い（©Yasuo Kida）

ちなみに恵比寿さまの鼻が欠けているのは、漁の成功と安全のための「お守り」として猟師たちが削り取っていったから。

和歌山県日高郡の丹生《にう》神社でも、初笑い神事が行なわれます。江戸時代から続くこのお祭りは、神話がもとになっています。神さまの寄り合いに遅れてしまい、がっくり落ち込んでしまった氏神さま（丹生都姫命《にうつひめのみこと》）を笑いで慰め、励ましたのです。ピエロのような「笑い男」が「笑え、笑え」と街を行き、みんなで笑い転げるこの神事、10月が本祭ですが、お正月にも行われるようになりました（→P97）。

まさしく「笑う門には福来る」。人生いろいろありますが、ともかく新年は笑って過ごしたいものです。

1月のしきたり

お正月に食べるもの

ごちそうに箸が進み、つい食べ過ぎてしまうお正月。それぞれの料理には意味があります。

お正月の食べものといえば、まず思い浮かぶものが、おせち料理ではないでしょうか。お重に詰められた縁起物には、1年の幸せを祈る気持ちが込められています。色とりどりのおせちに、お正月気分がいっそう盛り上がるというものです。

食生活の多様化によって、いまでは手の込んだ豪華なものを食べる機会は少しずつ減っているかもしれません。それでも、ちょっとしたおせち料理をつくったり、買ってきたりするのはお正月の楽しみ。

このおせち、その昔は「御節供《おせちく》」と呼ばれていたそうです。「節」とは、節会《せちえ》のこと。季節の節目に家族や親戚で集まって催す会です。そのルーツは、宮中で天皇のもとで開かれた宴会にあり、節句とも呼ばれます。端午《たんご》の節句、重陽《ちょうよう》の節句などいまでも大事にされている節句はありますが、お正月もそのひとつなのです。

そんな節句のときに、神さまに供えた料理……それが「節供」です。敬語をつくる「御」がついて「御節供」。やがて略されていって、「おせち」になりました。だから本来、節句で出されるお供えものは、すべておせちなのです。しかし節会の中でもとくに重要視されたお正月の料理を、おせちと呼ぶようになっていきました。

この神さまとは「歳神《としがみ》さま」のこと。お正月にやってくるという存在で、地方によって言い伝えはさまざまですが、一般的には「ご先祖さま」であるといわれています。おせち料理とは、自分の先祖に対して捧げるものなのです。

そして、おせちのほかに、ご先祖さまにお供えするお正月の食べものが、お餅です。いまでもお正月にはみかんの乗った鏡餅を飾る習慣がありますが、これには歳神さまが乗り移っているといわれているのです。お正月に家を訪れた歳神さまは、門松に宿るといわれますが、鏡餅も同様。そしてお正月の間、家族を見守ってくれるのだとか。

お餅は日本人にとって特別な食べもの。なぜなら、お米が集まっているからです。弥生時代以降、稲作とともに生きてきた日本人は、お米によって身体をつくり、生活を紡いできました。だから古来の日本人は、すぐれた主食でありエネルギー源であるお米を神聖なものと考え、稲には神聖な力があると信じてきたのです。お米を一粒一粒、大切にして、毎日ありがたくいただき、日本人は暮らしてきました。

そうしてお米を食べ続けながら、連綿と続いてきた日本人の魂が、ご先祖の魂が、鏡餅には宿っているのです。だから鏡餅は、心臓をイメージする丸餅なのだとか。

1月11日の鏡開きの日には（15日という地方もある）、鏡餅を割って、家族みんなでいただきます。この行為は、ご先祖さまから命のバトンを受け取ること。お餅に宿った魂を、自分の身体に取り入れて、1年をがんばる力に変えるのです。

こんないわれがあることから、お餅を家族で食べることを「御魂《みたま》わけ」ともいいました。そしてお餅は、歳神さまの魂なので「歳魂《としだま》」と呼ぶこともありました。お父さんが家族に餅を、歳魂を分け与える……そう、これこそが「お年玉」の起源でもあるのです。かつてお年玉はお金ではなく、お餅だったのです。いまでもお正月には、子どもたちに丸餅を配る地方がありますが、これは昔の名残りといわれています。

鏡開きの日だけでなく、お正月全般に食べられるようになったお餅。そしておせち料理。どちらも古くから受け継いできた、日本人ならではの食べものなのです。ご先祖さまに新しい年を迎えられる感謝をして、いただきましょう。

お屠蘇を入れる屠蘇器

飲んで楽しむしきたり

お屠《と》蘇《そ》

「お屠蘇《とそ》気分」なんて言葉でお正月を表現することもあるように、この特別なお酒は新年の飲み物として知られています。元日の朝、家族の年少者から順番に飲んでいくと、病気知らずで1年を過ごせるといいます。

日本古来の風習のように思われていますが、中国から伝来してきたものといわれています。日本では平安時代に書かれた『土佐日記』の中に、屠蘇についての記述がありますが、当時は宮中でのたしなみだったようです。

中国にルーツがあることを示すように、お屠蘇の原料は山椒、陳《ちん》皮《ぴ》、桔梗、肉桂皮《にくけいひ》などの漢方です。これらを日本酒やみりんに漬け込んでつくるのです。邪気を「屠《ほふ》」って、魂を「蘇」らせる力があるから「お屠蘇」と呼ばれているのだとか。

原料の漢方をいわばパックにした「屠蘇散」は、薬局やネットショップなどで手軽に買えるので、新年に一杯どうでしょう。

2月のしきたり

節分

豆の音と元気な掛け声がひびく節分の行事。「鬼を追い払う」こと以外にも、意味があるのです。

「鬼は外、福は内！」

豆をまいて、鬼を退治する節分の日。いまでは2月の大きなイベントとして行なわれていますが、もともと節分とは、その名前の通り季節を分けるときのこと。だから立春、立夏、立秋、立冬と、四季に合わせて年4回、それぞれの前日が節分でした。それがいつしか、立春の前日だけを節分と呼ぶようになっていったのです。

というのも、旧暦では立春の頃が新年でした。だから立春の前日は、節分であり大晦日だったのです。春夏秋冬の中でも新しい年を迎えるこの日は重要視され、ただひとつの節分になって、いまに至っているといわれています。

そんな節分では、1年間の厄を落とすことがなによりも大切。そして新しい年は、病気や心配事も不幸もなく、楽しく暮らしたい。だから、悪いこと・ものの集まりである「鬼」をやっつけるのです。鬼とは伝説のモンスターなどではなく、人の世に降りかかる災いの象徴。これを追い払って、1年の幸せを祈る……それが節分なのです。

また季節の変わり目というのは、いまも同様ですが、体調を崩しやすい時期です。気温や天気も不安定で、風邪を引く人も多くなります。だから節分という行事でもって、人々に注意を促す意味もあったでしょう。現代の節分でも、そのことを思い出して、体調管理をしっかり心がけたいものです。

鬼を追い払うという節分の行事は、平安時代から続いています。中国から伝わった「追儺《ついな》」や「鬼遣《や》らい」という儀式がもとになっているそうです。弓矢やたいまつで、鬼の面をかぶった人を追い立てるというものでした。

追儺は平安時代の女流文学である『蜻蛉《かげろう》日記』にも登場します。書き手である藤原道綱母《ふじわらのみちつなのはは》は「人は童、大人ともいはず『儺やらふ儺やらふ』とさわぎののしるを、我のみのどかにて見聞けば……」と記しています。大人も子どもも、みんなで声を上げて鬼を追っている様子が伝わってきます。「儺やらふ」とは、いまでいう「鬼は外！」の掛け声なのかもしれません。

こうして鬼を、厄を祓う儀式として親しまれてきた節分ですが、室町時代あたりから様子が変わってきます。豆をまくようになっていくのです。

豆、大豆は、日本人の生活になくてはならないもの。醤油、味噌、納豆、豆腐……私たちの食事には、大豆からつくられるものが実にたくさんあります。大豆なくしては、日本人の食卓は成り立たないとさえいえるでしょう。

そんな大豆は、お米をはじめとして、麦、あわ、ひえとともに「五穀」と呼ばれ、大切にされてきました。農作物が豊かに実ることを「五穀豊穣」といいますが、大豆はその象徴。だから神聖な力を持つと思われてきたのです。

そんな豆には「魔滅」という漢字が当てられることもありました。魔を滅する力、鬼を退治する力があると信じて、人々は豆をまいたのです。

こうしていまの節分の原型がつくられていきました。豆をまいて、恐ろしい鬼に、病気や災いに対抗するのです。

そんな鬼も擬人化が進み、豆のほかにも苦手なものが増えていきました。焼いたイワシの臭いと、ヒイラギの葉のトゲです。このふたつがセットになった「柊鰯」を、節分の日は魔除けとして玄関に飾るしきたりもあります。節分が近づくと、街では大豆とともに柊鰯も売りだします。

豆をまいて楽しむだけではなく「鬼」が近づかないよう生活を見直して、心身をケアする日として、節分を迎えたいものです。

食べて楽しむしきたり

福豆

福豆

節分のときにまく豆は、「福豆」とも呼ばれます。前日のうちに大豆を枡に入れ、神棚にお供えしておいたものを、炒ってからまきます。その後に福豆を食べるのですが、自分の年齢＋1個を食べるのがしきたり。これは節分がかつて大晦日だった頃の名残りといわれます。これまでに生きてきた歳月に感謝をして、年齢分の豆を。そして翌日の立春から始まる新しい年が無病息災であることを祈って、もう一粒を。福豆にはそんな思いが込められているのです。

節分の食べものといえば、ややコマーシャリズムに押されながらではありますが、近年は恵方巻きが人気になってきました。陰陽道で、その年に縁起がいいとされる方角＝恵方を向いて太巻きを食べるというものです。長い太巻きを切らずにそのまま食べることで、福との縁を切ることなく身体に取り込めるのだとか。もとは大阪の商人たちの風習だったといいます。

3月のしきたり

ひな祭り

女の子がいる家庭では一大イベントのひな祭り。今も昔も、子どもを思う気持ちは変わりません。

ひな人形を飾って、娘の健やかな成長と幸せを祈るひな祭り。その昔は「ひな人形が幸福をもたらしてくれる」のではなく「ひな人形が不幸を持ち去ってくれる」と考えられていました。人間の姿をかたどった人形とは、人そのものを映しとったものでした。だから、紙や土で作った素朴な人形をさすったり、息を吹きかけたりすると、自分の中の「災い」や「穢《けが》れ」を人形にうつすことができるのです。身代わり……それがひな人形のルーツなのです。太古のひな祭りは、そんな人形たちを河や海に流して、厄祓いとする儀式でした。こうすれば、娘が災厄から逃れることができる。ひな人形は娘の不幸を背負って、流れていってくれる存在だったのです。

なんとも悲しい風習ですが、やがて平安時代の頃から様子が変わってきます。呪術的な存在だった人形たちが、工芸の発達によっていきいきと輝きだしたのです。趣向を凝らした、たくさんの人形が

食べて楽しむしきたり

ひな祭りの食べもの

3月3日は桃の花が咲く時期。桃の節句ともいわれます。多くの実がなる桃は生命力の象徴とされ、街には桃を使ったスイーツがあふれます。

ひなあられ（©bm.iphone）

雛遊びのときに食べられていたひなあられや、旬のはまぐりも定番。大人は桃の花を浮かべたお酒か、江戸時代から流行った白酒（餅米やみりんからつくったもの）を、お雛さまを眺めながらたしなむのです。

つくられるようになりました。貴族の家庭の女の子たちの間では、お人形遊び（雛《ひいな》遊びとも呼ばれた）が大流行。やがて室町時代には親しい家の間で3月3日にひな人形を送りあう習慣が根づいていきますが、手の込んだ立派な人形を、そうそう流すわけにもいきません。3月3日の夜に娘の枕元にひな人形を飾っておくと、1年間の穢れを吸い取ってもらえると考えられたのですが、その後はお祓いをして、流さずにしまっておくようになりました。

江戸時代に入るとひな人形はどんどん豪華になり、上流階級の間ではひな壇も飾られるように。そして庶民にも浸透した現在では立派な縁起物となっていますが、娘の幸せを祈る気持ちがお雛さまの中にあることは、昔とかわりません。

4月のしきたり

お花見

「花より団子」という言葉もありますが、頭上を彩る桜は美しいもの。その由来を見てみましょう。

いまや春の一大イベントとなった感のあるお花見。ほんのわずかな期間だけ、あたりの景色をがらりと変えるほどに咲き誇って、すぐに散っていく。はかない季節の一端をとらえようと、桜の木の下に日本人は集うのですが、この宴は1000年以上もの昔から行なわれてきたのではないか、ともいわれています。

奈良時代に、元明《げんめい》天皇の命によって、日本各地の地理や風習、産物などが詳しく調査されました。その報告書ともいえる書物が『風土記《ふどき》』です。地域によってたくさんの『風土記』がまとめられましたが、写本が現存している『常陸国風土記』や『播磨国風土記』、『出雲国風土記』には、お花見らしき記述が残されているのです。春になり、花の咲く頃に山に登り、お酒と食事を楽しんだ……という内容です。日本各地の山に原生していた山桜を愛で、宴を開いていたと思われます。

桜が咲くのは、ちょうど農作がはじまる頃。つらかった冬が終わり、春になって生命が芽吹く季節です。そんな時期に一瞬だけ萌える桃の色に、古代の日本人は目をとめ、実りの象徴を見たのでしょう。

このお花見のときに、人々は桜の枝を折って里に持ち帰り、家や田畑に飾ったといいます。山の恵みを、里へ、農作物へと伝えて、豊作を祈る。この切実な気持ちこそが、お花見の根底にあるものなのかもしれません。

その後、中国文化が伝来してきた影響もあって、桜だけでなく「梅見」をすることも流行します（→P210）。桜よりも早く、雪が降りしきる中で咲くことすらある梅は、強さや生命力を表すものとして好かれたのです。

いまのようなお花見の形になったのは江戸時代だといわれます。幕府は公園や河川敷などを整備して、各地に桜を植樹しました。山に行かなくても、お花見ができるようになったのです。上野公園や隅田川など有名なお花見スポットも、このときにつくられています。

桜を見上げながら、ほんのひととき、昔の日本人の豊作への祈りに思いを馳せてみる。例年のお花見に、少しだけ違う色彩が添えられるのではないでしょうか。

5月のしきたり

端午《たんご》の節句

5月に訪れる男の子のための行事。歴史の移りとともに形を変えて現代に伝わっています。

5月5日は子どもの日。鯉のぼりを立て、鎧兜を飾って男の子の成長を祈るのですが、この日は「端午の節句」ともいわれます。

この端午の「端」とは、ものごとのはじめという意味を持つ言葉。そして「午」とは午《うま》の日のこと。端午とは、その月はじめての午の日を指していました。ですがやがて、「午《ご》」に通じる「五」が重なる、5月5日が端午の節句として定着していったといわれます。

ここに、中国から伝わってきた考え方が合流していくのです。中国ではこの時期は、心身に不調をきたしやすく、災いに見舞われやすいとされてきました。なるほど「節句」だけに季節の変わり目、天候不順は体調にも影響がありそうです。また雨の季節を前にして、衛生状態が悪化することもあったはず。だから人々は、山に出かけて薬草を採り、それでお茶を煎じたりお酒をつくったりして飲んでいたといいます。

そのひとつが、菖蒲《しょうぶ》です。香りが高く虫や蛇をよせつけないところに古代人は注目し、菖蒲で災いに対抗しようとしたのです。また、厄を祓う力があるといわれるヨモギを束ねて、玄関口に飾ったりもしました。実際、ヨモギに含まれるフラボノイドという成分には、強い抗菌作用があることが実証されています。

この風習が日本の宮中にやってきます。『枕草子』の中で、かの清少納言も、薫風《くんぷう》のころに菖蒲が香る様子を書き記しています。端午の節句に薬草でお清めをするしきたりは、やがて庶民にも広まっていきました。日本人にとりわけ好まれたのは菖蒲です。お酒にしたり、枕に詰めて眠ったり、あるいは束にしてあちこちを叩いたり……邪気を祓ってくれると人々は願ったのです。菖蒲もまた、殺菌作用のほか、血行を促進したり身体を温めてくれる効果があり、いまでは定番の天然ハーブとなっています。

この菖蒲がさらに大きくクローズアップされるようになったのは室町時代。武士が活躍する世にあって、菖蒲は尚武、つまり「武芸の道に励むこと」にかけられたのです。言葉遊びのようにも思えますが、日本は「言霊」の国でもあります。言葉をある言葉とかけて、意味を重ね、強めていくことが好まれてきました。武士たちは息子がたくましく成長し、尚武するようにと菖蒲に祈り、いつしかこの日は男の子の節句となっていったのです。

鎧兜を飾る風習も、このときにできました。また男の子を模した五月人形も人気に。武者姿のほか、桃太郎や金太郎など物語の主人公も好まれました。

そして5月の空にはためく鯉のぼり。これもまた中国にその由来があります。中国文明を育んだ黄河の、はるか上流。そこには竜門と名づけられた急流があったといいます。どんな魚をもはねつけるその荒々しい流れに、とある鯉が挑み、見事にこれを乗り越えるのです。すると鯉は竜へとその姿を変え、天に駆け上っていく……『後漢書』の一節にある、この「登竜門伝説」から、鯉は男の子の出世のシンボルとされ、端午の節句に飾られるようになっていきました。江戸時代に広まった風習といわれています。それ以前は戦国の世を映し出すように、軍旗や、武者が背負っていた自軍の幟を飾っていました。

また江戸時代には、湯屋（銭湯）の普及に伴って、端午の節句に菖蒲湯に浸かる習慣もできていきました。いまでも銭湯に行くと、5月は菖蒲湯を楽しめます。のぞいてみてはどうでしょう。疲労回復やリラックス効果、血行促進、冷え性や神経痛などに効能があります。遠い昔から受け継がれてきた菖蒲の力で、きっと季節の病も撃退できるはず。

知って楽しむしきたり

ちまきと柏餅

柏餅（上）とちまき（下）

子どもの日の食べものといえば、まずちまきが知られていますが、これまた中国伝来。屈原《くつげん》という政治家が失脚して、悲しみのあまり河に身を投げてしまうのですが、これが5月5日のことでした。それから慰霊のために、竹筒に入れたお米を河に捧げるようになったそうです。これが茅《ち（ちがや）》で巻いたお米、つまりちまきへと変わって、日本でも食べられるようになりました。茅には悪しきものを寄せつけない効果があると思われたのです。

江戸時代になると、柏の葉でくるんだ柏餅も人気になりました。柏という木は、新しい芽が出てからでないと、古い葉が落ちないという特性があります。これを日本人は「跡継ぎが生まれるまで親は死なない」と捉え、子孫繁栄の象徴と考えたのです。江戸市中で売り出されると大評判になりました。この名残りか、端午の節句のお菓子といえば、関東は柏餅、関西はちまきがそれぞれ主役なのだとか。

6月のしきたり

衣替え

服装の変化は季節の移ろいを感じさせます。実は衣替えは、平安貴族に由来する由緒正しい行事なのです。

すっかり気温も上がり、梅雨も近くなって、汗ばむ6月。

この季節になると、街の景色はがらりと一変します。誰もが重たい冬服を脱ぎ、明るい色合いで軽やかな夏服に装いを変えるからです。

とりわけ学生たちの制服は、上着がなくなり、袖も短く、白を基調としたもの。いかにもさわやかな夏をイメージさせて、気持ちも浮き立ってきます。企業の制服も、やはりこの時期に涼しげなものに変わっていきます。

これが「衣替え」。夏のはじまりを告げる風物詩といえるでしょう。またひとつ、季節が移り変わっていったことを、服の明るさが教えてくれるのです。

「制服を着替える」というイメージからか、衣替えは近代になってはじまった習慣だと思われることもあるのですが、実は1000年ほど続いているのです。それも、宮中の大切な儀式として、長年ずっと受け継がれてきました。ちょっとした日常生活のトピックくらいに思っている人が多いのですが、衣替えはれっきとした日本の伝統行事なのです。

起こりは平安時代だといわれています。その時代、宮中ではおよそ半年ごとに、まとう服を変え、さらにいつもより念入りに掃除をして、気持ちを入れ替える習慣があったのです。

これを「更衣《こうい》」と呼んでいました。いまでも通じる言葉です。夏と冬、1年のうちに2度、更衣は行なわれていました。平安の昔は、着替えるほどたくさんの服を持っていた層は限られていたため、宮中の人々など貴族だけのものだったようです。

更衣の目的は、季節によって服を変えていき、暑さ寒さに対応していくことがひとつ。そしてなにより、穢れを祓うこと。

厄や災いを呼ぶものとされる穢れは、だんだんと家や心身にたまっていくものと思われていました。だからときには、一気に祓う必要があるのです。更衣とは、宮中から「負」を一掃するイベントであり、神事でもあったのです。

これは、現代にも通じるものです。

穢れや厄という概念は、いまの時代なかなか見えにくくなっているかもしれませんが、災いや病気を招くものとして考えるとわかりやすいでしょう。

たとえば、ほこりやダニ、ペットや家族の毛くずといったハウスダスト。カビや細菌。これらは少しずつ、家の中に積もっていくものです。そして鼻炎や喘息の原因になったり、アレルギーを引き起こすともいわれています。

これこそ現代の厄。ふだんは掃除をしない奥まった場所も、衣替えの時期を見計らって、きれいにしてはどうでしょうか。部屋のすみずみまで手を入れて、冬モノの服や布団も洗濯をして夏空に干し、厄を浄化するのです。

衣替えとは、単に服をチェンジするだけのものではありません。半年間の汚れをさっぱりさせて、健康を維持するための、けっこう大事な行事なのです。そしてさらに半年後、今度は冬場に行なわれる厄祓いが、年末の大掃除です。

平安時代にはじまった衣替えは、鎌倉時代になると服だけでなく、扇などふだんから持ち歩いているアイテムも変えることが流行しました。これが江戸時代になると、春夏秋冬1年4回の衣替えが、武家には義務づけられたといいます。更衣を通じて消費を活性化させるためです。

季節ごとの行事を、流行や消費活動に結びつけ、大きなイベントにしていくたくましさ。日本人の商魂は、昔から変わらないようです。

体験して楽しむしきたり

夏越《なごし》の祓《はらえ》

夏越の祓で用いられる茅の輪（©663highland）

衣替えの行なわれる6月には、夏越《なごし》の祓《はらえ》という儀式が行なわれます。月末の30日頃、近所の神社を訪れてみましょう。境内には、人がくぐれるほどの大きな輪がつくられています。茅で編みこまれたこの輪を、8の字に3回くぐり、神職からお祓いを受けると、厄が洗い流されるといわれているのです。

大晦日には、やはり茅の輪をくぐって厄を落とす、年越しの祓が行なわれます。年に2度のお祓いで心身を清めるのです。

茅の輪くぐりの由来は日本神話にあります。とある村の兄弟に一夜の宿を求めた旅人。裕福な兄はこれを断るのですが、貧しい弟・蘇民将来《そみんしょうらい》は旅人をもてなしたといいます。後日、旅人は「茅の輪を身につけていれば病にかからない」と弟に告げます。その言葉の通り、村を疫病が襲ったときに助かったのは、茅の輪に護られた弟の家族だけでした。この伝説から「蘇民将来」と書かれた札を貼って、厄除けにする風習も生まれました。

8月のしきたり

お盆

ご先祖さまの霊をお迎えするためのお盆は、古代インドに伝わる逸話が起源とされています。

ご先祖さまが帰ってくる日とされるお盆。これは仏教の「盂蘭盆会《うらぼんえ》」という儀式がもとになっています。さらにさかのぼると、仏教発祥の地インドで古代に話されていたサンスクリット語の「ウランバナ」に当たり、霊魂を意味しているのだとか。大陸を越えて、遠い過去から伝わってきた言葉の一端を、いまの日本人も使っているのです。

「盂蘭盆会」とは『盂蘭盆経』という説話に由来があります。お釈迦さまの弟子である目連《もくれん》が、亡くなってしまった母親がどうしているのか気になって神通力を使って見てみたところ、地獄で苦しんでいる姿が飛び込んでくるのです。驚いた目連はお釈迦さまに相談をします。すると「7月15日に先祖を供養するために、僧たちにお供えをすれば、母は救われるだろう」とのお答え。言われたとおりにしてみると、母は無事に成仏し、天国に行った……。

いまよりもずっと血縁による結びつきが強く、先祖とのつながりを意識していた時代、人々はこんなエピソードを大切にしました。そして7月15日にご先祖さまのご供養をするようになったのです。日本に仏教が入ってきたのは飛鳥時代の538年もしくは552年といわれています。盂蘭盆会の教えも伝わってきます。仏教以前にも日本ではこの時期に祖先を祀る習慣がありましたが、両者が結びついていきます。そして606年の推古天皇の時代には、日本でも盂蘭盆会が行なわれたとされています。その後8月15日へと日付は変わっていきましたが、およそ1500年にわたって日本人はお盆を行い続けているのです。

伝統的なスタイルを見てみましょう。まずお盆は8月13日の初日、迎え盆からはじまります。先祖が宿る仏壇の前に、精霊棚《しょうりょうだな》（盆棚）をつくってお供えをしますが、これは盂蘭盆経の故事に基づいたもの。位牌をこちらに移し、お線香や花、ロウソクなどで飾りつけ、水や果物、野菜なども供えます。そうめんや落雁《らくがん》、団子、おはぎなど、地方や宗派によってお供えものはさまざまです。

スーパーマーケットでもお盆を前にするとお供えコーナーがつくられますが、その中にナスやキュウリでできた馬のようなものを見て「？」と思ったことのある人もいるかもしれません。これは「精《しょう》霊馬《りょううま》」といって、ご先祖さまがあの世とこの世を行き来する乗り物なのです。行きはキュウリの馬ではやく家に戻ってきてもらい、帰りはナスの牛でゆっくりと……そんな思いが込められているといいます。

そして先祖への目印となる迎え火を玄関口や近所で炊いて、お盆の当日を迎えます。お墓参りをしたり、家族親戚が久しぶりに顔を合わせたりと、自分のルーツを確認する日でもあります。

この習慣を日本人は大事にしてきました。だから例えば江戸時代、商家などで住み込みで働く丁稚《でっち》奉公の人々も、正月と、このお盆だけは休みがもらえて、故郷に帰ることができたのです。これは「薮入り」とも呼ばれました。「盆と正月が一緒に来たよう」ということわざもありますが、年に2度の帰郷がいかに楽しみだったかを表している言葉なのです。

盆の終わりにご先祖さまは、あの世へと帰っていきます。それを送り火で見送っていくのです。大文字で知られる京都五山送り火が有名でしょう。また灯籠を河や海に流して送り火とする地域もあり、幻想的です。

自分がいまどうして生きていられるのか、存在しているのかといえば、当たり前ですが両親がいたから。先祖がいたからです。1年に一度、ちょっと立ち止まってみて、はるかな命のつながりに思いを馳せてみる……お盆はそんな機会でもあるのです。

知って楽しむしきたり

盆踊り

阿波おどりを踊る女性たち

夏休みの一大イベントといえば盆踊りでしょう。どうしてお盆に踊るのかといえば、ここでも盂蘭盆経のお話が出てきます。成仏できずに苦しんでいる母の、祖先の霊を慰める、鎮めるために、人々は舞い踊ったのです。だから本来の盆踊りは、お盆の時期に家の軒先や村の辻などで行なわれる、静かなものだったといいます。

室町時代の頃には、念仏を唱えながら踊る念仏踊りと変わっていきます。鎮魂する対象である霊を表現するために、あるいは乗り移られないように仮装をすることもあり、地域の大衆芸能とも結びついて、やがて華々しい盆踊りになっていったといわれます。そして江戸時代になると夏祭りと一体化し、規模も大きくなっていくのです。

徳島県の阿波おどりや、岐阜県の郡上《ぐじょう》おどりなど、全国的に知られるものも、盆踊りのひとつです。

8月のしきたり

夏祭り

夏といえば祭り。日常とは違う特別な雰囲気に心が躍ります。日本人は祭りにどんな意味を込めたのでしょう?

1年中、いつでもどこかでなにかお祭りが行なわれている日本ですが、夏場がやはり多いのではないでしょうか。

春には農作業のはじまりに豊作を祈願し、秋には収穫を祝うお祭りが日本各地で行なわれますが、それよりもさらに、お祭りといえば夏のイメージ。花火、神社の境内、金魚すくいや焼きそばやトウモロコシなどの屋台、浴衣、祭囃子……やっぱり夏の夕暮れや夜にはお祭りがよく似合います。

夏祭りはお盆（↓P42）がもとになって生まれたものもたくさんあります。しかしお盆のしきたりのベースになっている仏教の考えが日本に入ってくる前から、夏にはお祭りが行なわれていました。なぜならば、単純に暑いから。鮮やかな四季の変化が日本列島の特徴のひとつですが、夏の蒸し暑さは身体にこたえるもの。社会全体の活動が鈍るのです。2月と8月は「二八枯れ」といって商売の売り上げも下がるといわれますが、とくに夏場は落ち込むのです。

そこで景気づけにお祭りをして地域を盛り上げ、消費を促進し、暑さを吹き飛ばそうじゃないか……そんな発想から夏祭りをするようになっていったのです。日本人はなんでも祝祭に結びつけてしまう人々なのでしょう。ここにお盆が加わって、夏は列島あげてのお祭りシーズンとなっていきました。

そしていまと違って昔は、夏場は注意を要する季節でもありました。厳しい暑さと湿気で病気がはやり、また洪水や大雨などで水の事故も増えます。医療が発達し、エアコンが普及して河川の整備が進んだ現代でも、熱中症の被害や水害は絶えないのですから、昔はどれだけの不幸があったのでしょうか。そんな悲しみを整理し、区切りをつけるためにも、人々はお祭りを必要としました。かの隅田川花火大会は、大流行したコレラの被害者を慰めるためにはじまったといいます。

夏の夜のひとときのさんざめきには、暑気払い、地域の活性化という意味に加えて、先祖や、もう帰ってこない人々への気持ちが込められているのです。華やかなだけでなく、どこか切なさを伴っているから、日本人は夏の一瞬を愛しく思うのではないでしょうか。

9月のしきたり

お月見

丸いお月様に丸い月見団子。そこにススキが飾られるとなお良し。秋の月が愛される理由とは？

1年のうちで月がいちばんきれいに大きく、表情までもあざやかに見える夜……それが十五夜です。旧暦8月15日の頃、月は満月かそれに近いくらいまん丸くなります。また北半球から眺めた場合、位置が高すぎず低すぎず、軽く見上げた先の、ちょうどよい目線の先に上るのです。現在の暦では、9月から10月はじめになります。

その見事な白い輝きを、日本人は愛してきました。十五夜を「中秋の名月」とも呼び、夜空でひときわ存在感を見せる月の下、宴を開く習慣は平安時代に定着したといいます。稀代の俳人・松尾芭蕉は「名月や　池をめぐりて　夜もすがら」と詠んでいますが、これは俳句仲間たちと催したお月見の会でのものだとか。池に映し出された十五夜の月が、芭蕉の胸を打ったといいます。

中秋という区分の理由は、旧暦では7～9月が秋とされますが、8月はその真ん中だということに

知って楽しむしきたり

お月見団子

月に感謝をしてお供えするものといえば、団子でしょう。十五夜は秋の実りに対する感謝の日。だから日本人の主食であるお米から、丸い月に模した団子をつくったのです。また十五夜の頃にちょうど収穫期となる里芋を供える風習もあります。この日は「芋名月」とも呼ばれているのです。

あります。しかしそんな概念もない太古から、日本人はこの時期の月を特別なものと見てきたのです。それは農作物が実る季節だからです。まだ寒さの残る春から田畑と格闘し、夏の厳しい暑さや大雨を乗り越え、やっとお米や野菜を収穫できる、これでまた冬に立ち向かい、生きていくことができる……少しホッとして夜空を見上げてみれば、そこには近しく大きな月が浮かんでいる。人々は作業の手を休め、しばし月と実りに感謝を捧げました。これこそお月見の起源なのです。

このときに飾るススキには、月の神が宿って豊作や子孫繁栄を見守ってくれるといいます。また、実りの象徴である稲穂の代わりでもあるのです。

11月のしきたり

新嘗祭《にいなめさい》

11月の祝日といえば「文化の日」と「勤労感謝の日」。そのうちの勤労感謝の日が何の祝日だったか、知っていますか?

秋は実りの季節。お米をはじめとした穀物や野菜、果物、たくさんの収穫物が街や食卓を彩ります。夏の間の苦労がまさに結実したことに喜び、人はお祝いの宴を開いてきました。それは世界中で広く行なわれています。有名なところでいえば英語圏のハロウィンでしょうか。ドイツのオクトーバー・フェストも、日本でも知られるようになってきました。

こうした「収穫祭」は、人類が狩猟採集生活から農耕生活にうつった、遠い遠い過去からずっと続いているものです。日本ではこれといった大きなお祭りがないように思いますが、実は「勤労感謝の日」が収穫祭に当たるのです。本来は「勤労」ではなく「収穫」に感謝するもので、戦前は「新嘗祭」と呼ばれていました。

新嘗とは、もともと「新饗《にひあえ》」と読み、その年に収穫された穀物のことを意味しました。この穀物を、天皇が神に捧げる儀式こそ、新嘗祭なのです。飛鳥時代の7世紀頃から、宮中で行なわれてきたといわれ、それはいまでも皇居で続いています。毎年11月23日、天皇陛下は古式ゆかしく神聖な白装束に身を包み、祝詞《のりと》が奏上される中、宮中三殿のひとつ神嘉殿《しんかでん》に新穀を捧げるのです。そして、自らその新穀を召し上がります。古代から続くこうした儀式が、現代の皇居の中でも行なわれているのです。ちなみにこのときに使われる新穀は、日本各地から特別に選ばれたものなのだとか。

この11月23日には、日本全国の神社でも、新嘗祭が行なわれます。近所の神社に行ってみましょう。事前に何時からどういった儀式があるのか、式次第が社務所やホームページに掲載されることもあります。当日はいつもの境内とは違い、お供えものがあったり飾りつけられていたりと、ささやかながらお祭りらしさに彩られています。

地域の神社の新嘗祭は、基本的に誰でも参加できます。拝殿などの中に招かれて、見事に正装した神職による祝詞を聞き、参加者もひとりずつ収穫に感謝する意味で玉串を捧げます。神社によっては、儀式の最後にお供えものの新米をわけてくれることもあります。ご厚意ですのでありがたくいただきましょう。そのお米を炊いて口にしてみれば、きっと古来の収穫祭の意味をかみしめられるはずです。

11月のしきたり

酉《とり》の市

年末の神社を賑わせる酉の市では、熊手を買い求める人々の威勢のいい声が飛び交います。

酉の市とは、11月にめぐってくる酉の日に開かれる盛大なお祭りで、舞台となるのは日本全国にある鷲《おおとり》神社。大鳥神社、大鷲神社という字をあてるところもあります。その本社は大阪府堺市にある大鳥大社で、祀られている神さまは日本武尊《やまとたけるのみこと》です。この神話のヒーローが病に倒れて命を失ったとき、お墓から魂が白鳥となって大空高く飛び立ったといいます。白鳥は現在の奈良県御所《ごせ》市と、大阪府羽《は》曳《びき》野《の》市で翼を休めたのちに、最後に堺市のあたりにやってきて天へと還っていくのですが、これを祀るために同地に大鳥大社が建てられたという伝説が残されています。ちなみに御所市と羽曳野市には白鳥陵《しらとりのみささぎ》という古墳があります。

日本武尊は東方の蛮族を討伐するために遠征をしたことでも知られていますが、これが見事な勝ち戦となります。その戦勝を祝った地が、現在の東京都足立区花畑《はなはた》のあたり。その日が酉の日だったこ

飾って楽しむしきたり

熊手を飾る

縁起熊手はできるだけ値切って安く買うと縁起がいいのだとか。値切った額はそのまま売り手にご祝儀として渡すのが粋だともいわれます。値段交渉が済むと威勢のいい三本締めで商売繁盛。毎年少しずつ大きな熊手に買い換えると商売もまた大きくなっていくそうです。飾る場所は家や会社の一番奥で、玄関に向けることで外から運をかきこんでくれるのです。

酉の市の熊手（©Banzai Hiroaki）

とから、花畑にある大鷲神社で酉の市がはじまったとされています。農村で行なわれていた収穫祭とも混じりあい、だんだん大きなお祭りになっていったようです。

その農村で日常的に使われていた農具のひとつが熊手です。お祭りには市がつきものですが、日常生活に欠かせない農具を売る店もたくさん軒を並べていました。落ち葉などをかき集めるこの熊手がいつしか、「福や運をかきこんでくれる」として、縁起物になっていったのです。いまではすっかり酉の市のシンボルとなっており、おかめや鯛などが派手にデコレーションされた縁起熊手が売られます。鷲神社が客商売にご利益があるとされることから、商売人にとりわけ人気です。

12月のしきたり

冬至

冬至を迎えると今年もあとわずか。食物から1年の疲れを癒すエネルギーをいただきましょう。

1年のうちで、いちばん昼間が短い日……それが冬至です。北半球では太陽が真南に来る「南中高度」がもっとも低くなる日で、だいたい12月22日頃にめぐってきます。

冬の寒さも心身に堪える時期の、さらに太陽が顔を出している時間が短くなるこの日、人間の生命力もまた弱くなると考えられていました。そこで体力をつけるため、寒さに対抗するために、さまざまな風習が生まれたのです。

その代表ともいえるのが柚子湯でしょう。柚子を浮かべたお風呂に入ると風邪をひかずに過ごせるといいます。実際、柚子は血行を促進させて身体を温め、風邪の予防や冷え性、神経痛などに効果があるのです。豊富に含まれるビタミンCは、ひびやあかぎれなど肌荒れにも効き目があるので、乾燥した冬場にはぜひ入りたいもの。

柚子湯がはじまったのは江戸時代のことといわれます。1838年に刊行された『東都歳事記』には江戸の人々の暮らしぶりや習慣がいきいきと活写されていますが、その中に冬至の日に銭湯で柚子湯が行なわれたという記述があります。銭湯文化が花開いた江戸の世で、冬至の柚子湯は人気を博しました。江戸っ子のシャレ心か、「冬至」と「湯治」をかけたのでは、なんて説もあるようですが、いまも銭湯では柚子湯は冬の風物詩となっています。たまには銭湯に出かけて、広々としたお風呂で柚子の香りを楽しむのもいいものです。

冬至にはかぼちゃを食べる風習もあります。本来は夏が旬のかぼちゃですが、長期保存が利く野菜。夏の太陽の恵みをたっぷりと閉じ込めたかぼちゃを冬場に食べれば、やはり風邪を引かないと言い伝えられてきました。そしてかぼちゃは「なんきん」とも呼ばれますが、冬至に「ん」がつくものを食べると運がつくといわれます。蓮根、銀杏、みかん、人参、金柑……こうした食材をメニューに取り入れてはどうでしょうか。

冬至が過ぎれば、太陽は活力を取り戻し、また1日は少しずつ長くなっていきます。だから冬至は太陽が再生する日とも捉えられ「一陽来復《いちようらいふく》」ともいいます。古代の中国では冬至を1年のはじまり、元旦と定めていたこともあります。日照時間がもっとも短いこの日は、ふだん温かな光を注いでくれる太陽に感謝をする日でもあるのです。

12月のしきたり

年越し

新しい年を迎える前に、大晦日には1年をきちんと締めくくるためのしきたりがいくつかあります。

毎月の三十日、転じて月の末日のことを、昔は「みそか」とも呼んでいました。三＝み、十＝そ、とも読めるからです。これに晦日という字をあてて、月末の最後の日を表したのです。そして1年を締めくくる12月の晦日は、大晦日と呼びました。

この大晦日の日、江戸時代の街では仕事じまいをし、お正月の準備をする人々の姿があちこちで見られました。金や銀の細工をする職人たちも、仕事場の掃除に精を出していました。このときに、そば粉を練ってつくった団子を使ったといいます。これを仕事場のあちこちに押し当て、飛び散った細かな金や銀の粉をくっつけて集めたのです。

職人たちの掃除の様子から、そばはお金を集める、金運に恵まれる、という意味に転じて、大晦日の縁起物となっていきました。年越しそばを食べる風習は、ここからはじまったのです。

体験して楽しむしきたり

除夜の鐘

年越しそばを食べ終わる頃、聞こえてくるのは除夜の鐘。各地のお寺で108回、鐘を撞《つ》く音が鳴り響きます。人間の持つ108の煩悩をひとつずつ打ち消していくのだといわれます。お寺によっては、参拝者に除夜の鐘を撞かせてくれるところもあります。初詣がてら、1年で最後の日本の風習に参加してみてはどうでしょうか。

また、細く長いそばには、長寿の願いも込められていました。そして歯切れがいいことから、年越しのときにそばを食べることで1年間の苦労を断ち切って、新年には持ち越さないように、という思いもあったといいます。

そばには薬味のねぎを忘れずに。ねぎは、神社に勤める神職の階級のひとつ「禰宜《ねぎ》」に通じています。災いをお祓いしてくれる神職にあやかろうというものです。そして、ねぎらう、慰めるという意味の「労《ね》ぐ」にもかけているのだとか。1杯のそばに、日本人はさまざまな祈りを込めたのです。

なお年越しそばは、年が明ける前に食べましょう。新年になってから食べたり、食べ残すのは縁起が悪いといわれます。

第2章

人生の節目でふれるしきたり

祭祀のしきたり

⛩ 氏神《うじがみ》

皆さんがお住まいの地域には、どんな神社があって、どの神さまが祀られているでしょうか。

この世に生を受けたことを報告するお宮参り（→P70）。7歳まで無事に育ち、地域の一員になったことを祝う七五三（→P72）。夏や秋に行なわれるお祭り、縁日（→P90）。6月と12月の大祓（→P41）……本書で紹介しているさまざまな日本伝統の行事は、その多くが神社が舞台になっています。

そんな催しに参加したい、見てみたいと思ったとき、いったいどこの神社に行ったらいいのでしょうか。結論からいうと、どこでもいいのです。どの神社でも、祀られた神さまも、神職の人々も、温かく迎えてくれるものです。

ですが、やはりいちばん良いのは、いま自分が住んでいる地元の神社に行くこと。そこに祀られている神さまのことを、氏神さまといいます。そして、その氏神さまが守ってくれている地域に住んでいる人々を、氏子《うじこ》と呼びます。

その名称からもわかる通り、氏神や氏子とは本来、「氏」すなわち名前をともにする人々……同じ一族、同じ血縁で結ばれた親族の集団のことでした。古代の人間社会はすべて、まず血族を基礎としていましたが、その一族に縁のある神さまや、祖先の霊とされる神さまを祀り、生活や人生のサイクルを司る指針としたのです。氏神さまと一族とのつながりの中で、畑を耕し、収穫を祝い、子の誕生を喜び、命を紡いでいく……そうやって日本人はずっと生きてきたのです。有名なところだと、源氏の氏神さまは八幡宮、藤原氏は春日《かすが》神社が挙げられます。一族を見守ってくれる神さまなのです。

もうひとつ、産土神《うぶすながみ》という存在もあります。これは自分が生まれた土地を守っている神さまのことです。血縁にまつわる氏神に対して、産土神は地縁でつながっています。しかし両者は、いまでは混在し、同じような意味で使われることも増えてきました。どちらも「縁」あってのもの、いちばん近くにある神社で良いとされています。

季節や人生の節目だけではありません。なにか迷いごとがあったり、気持ちがもやもやしているときは、近所にある神社をちょっとのぞいてみませんか。境内をゆっくり散歩し、手を合わせ、おみくじでも引いているうちに、少しは気分も変わってくるものです。実際に神さまがいるかどうかはともかく、気持ちを新たにできる、日常とはちょっと違った場所が身近にある……それはけっこう助かるものなのです。

祭祀のしきたり

⛩ 参拝の作法

神社は誰でも気軽に訪れることができる場所ですが、その際には最低限の作法が必要です。

神社は神さまが住んでいるところです。日本の大人であるなら、お参りするときには礼儀を忘れないようにしたいもの。まず、こちらの世界と神さまの領域とをわかつゲートでもある鳥居をくぐる前に、軽く一礼をしましょう。「揖《ゆう》」という、神さまへの挨拶です。

そこから参道をさかのぼり、摂社や末社といわれるいくつもの小さな社を行きすぎ、ときには深い森を歩いていきます。古びた灯籠や狛犬の姿に、歴史を思うこともあるでしょう。鬱蒼とした木々が太陽を遮り、異界へと入ってしまったかのような雰囲気の神社もまた多いもの。神社はふだん生活している街の中にある、どこか非日常的な空間でもあるのです。

このときには、参道の真ん中は歩いてはならない、とされています。そこは「正中《せいちゅう》」と呼ばれる、神さまの通る道。なるべく避けて通りましょう。

この参道は、いまも昔も、身分や貧富の差も関係なく、誰であれ自分の足で歩み入っていくものなのです。鳥居から先は車なんてもってのほか。武士だろうが殿さまだろうが、馬やら籠やらで乗りつけることは許されなかったのです。その名残りで、いまも鳥居の前に「下馬」「下乗」と書かれた看板の立っている神社もあります。

こうして誰もが、平等に神さまに近づいていくのですが、その途中では身を清めることが求められています。手水舎《ちょうずや》に立ち寄り、手と口を洗ってからお参りをする決まりです。添えられた柄杓を右手に持って水をすくい、まず左手を洗います。柄杓を持ちかえて、今度は右手を清めます。そして右手で柄杓を持ち、水を左手で受けて、口をすすぐ。最後に左手を洗って、柄杓を清めます。この流れは、はじめにすくった柄杓一杯の水だけで行なうものとされます。

このお清めの儀式は、ずいぶんと簡略化されたものなのです。かつては、神社にお参りする前には海や河に入って禊《みそぎ》をすることすらあったといいます。しかし現代社会ではなかなか難しいため、手水舎という形に変わっていきました。

古式そのままに、いまでも河での禊が行なわれている場所がひとつ。日本の神社の中でも特別といわれる伊勢神宮です。その内宮の手前に流れている五十鈴川《いすずがわ》で、参拝者は手や口を清めるしきたりです。河そのものが、巨大な手水舎となっているのです。２０００年前から続く風習だといわれています。

こうして身も心も清められたら、いよいよ拝殿へ。まずは礼をひとつ。そして次に鈴を鳴らしますが、高らかに大きな音を出していいのです。この音に呼ばれて、神さまが願いをかなえるべくやってくるといわれているからです。そして投げ入れるお賽銭は、5の倍数がいいとされています。「ご縁」にかけているのです。五円玉を用意しておくといいでしょう。

さあ、ようやくの参拝です。心を静めて、ゆったりとした呼吸で、礼を2度。続いて拍手を2度、響かせますが、このときは右手を少し下にずらすもの。これは神さまと自分とが、まだひとつになっていないことを表現しています。その後、ずらしていた右手をちゃんと合わせて、神さまに心を通じ合わせて、一心に祈るのです。ひたすらに、必死に、願いを聞き入れてもらえるように祈りましょう。

心残りがないほどに祈ったら、最後に礼をしてお参りは無事終了。これが「二礼二拍手一礼」の流れです。神社によってはいくらか違うところもありますが、参拝の一般的なスタイルなので、日本人なら覚えておきたいものです。

こうして礼を失せず、ひとつひとつの決まりごとを楽しみながら、そして最後に気持ちを込めて祈りを捧げると、けっこうな充実感があるものです。心地よい疲れさえ感じます。心がいくらか晴れやかに、すっきりしていることに気がつくでしょう。ただ漫然と訪れてなんとなく参拝するよりも、ずっと前向きになれるというものです。

体験して楽しむしきたり

おみくじを引く

結びつけられたおみくじ（©Bong Grit）

参拝の後の楽しみはいろいろ。まずはおみくじでしょうか。大吉を引いて喜ぶ人もいれば、凶の文字にがっくりする人も。ですが悪いものでも気にすることはないともいいます。むしろ、良いことばかりが書いてある吉や大吉に比べて、なにに注意をしなければいけないのか、具体的なアドバイスが満載の凶のほうが有益だという説もあるのだとか。

とはいえやっぱり良いくじを引きたいのが人情です。そしておみくじは、引きなおしがありなのです。一度だけ、という決まりはありません。違う、と感じたくじは境内のご神木に結びつけ、新しく引きなおしてみましょう。

これぞ、というくじに恵まれたら、サイフやカバンなどふだんから持ち歩くものに入れて、常に身につけておくと、ご利益があるといいます。当たるも八卦、ですが、きっと暮らしのモチベーションになってくれるはずです。

祭祀のしきたり

⛩ 神社への正式参拝

参拝には、拝殿の前で行なう簡略なものと社殿の中で行なう正式なものがあります。

神社めぐりが好きな人でも、拝殿の前でお参りする程度、という人がほとんどではないでしょうか。しかし実際に社殿の中に入って正式に参拝し、祈祷やお祓いを受けると、やはり身は引き締まるもの。ひとつの経験としても興味深く、日本の伝統を知るいい機会です。

神社では、たとえばお宮参り（↓P70）や七五三（↓P72）など子どもの成長を祝う儀式も社殿の中で受けられます。また合格祈願であるとか、安産のお参り、そして厄年のお祓い、あるいはなにか願いごと……さまざまな場面で正式参拝ができます。

あらかじめ予約が必要な神社もありますが、そうでなければ社務所に申し出ましょう。もちろん清潔できちんとした服装で伺いましょう。ラフな格好や露出の多い服はNGです。

通常の参拝よりずっと神さまに近づくわけですから、拝殿に上がる前には一礼を。以後は神職の指

知って楽しむしきたり

玉串料

正式参拝のお礼は玉串料といいます。ご祝儀袋にも玉串料と書き、紅白の水引（↓P138）で蝶結びのものを選びましょう。包むお金は個人的な祈祷やお祓いなら5000円が相場といわれます。このお礼は初穂料ともいい、初穂とはその年の最初の収穫物のこと。穂とはもちろん瑞穂、お米を指します。かつて神前へのお供えに使われていた名残なのです。

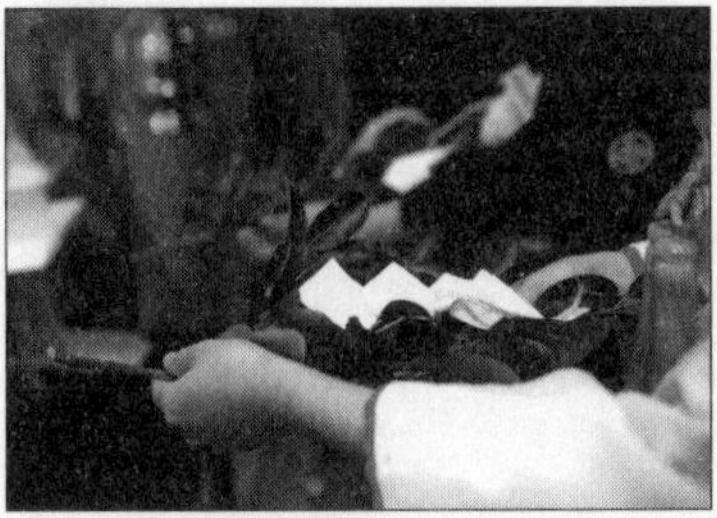
玉串奉奠（© ともこん／PIXTA）

示に従いましょう。まずはお祓いを受け、そして神さまに捧げ祈る言葉である祝詞を神職が唱えます。この間は心静かに。それから神饌《しんせん》のお供えとなります。

続いて榊の枝に、和紙の飾りをつけたものを渡されるでしょう。玉串《たまぐし》です。右手で枝の根元を持ち、左手を添えて受け取る作法です。祭殿の前に進み出て、一礼。玉串を右側に回して、根元を祭壇に向け、台の上に捧げ、二礼二拍手一礼（↓P64）。これが「玉串奉奠《ほうてん》」の手順です。この後、巫女が神さまに捧げる踊りである神楽を舞うこともあります。

こうして正式参拝は終了となります。略式のふだんの参拝よりも緊張するでしょうが、きっとご利益があるはず。

祝い事のしきたり

⛩出産

新しい命の誕生は、このうえなく喜ばしいもの。新たな家族の一員を出迎えるためのしきたりがいくつかあります。

我が子の誕生ほど、人生の中で嬉しい出来事はないかもしれません。命を次の世代につなげることができた。それは、どこか生物としての本能からの喜びなのかもしれません。だからここまで命をリレーし、支えあってきた家族、親戚にとっても一大事。あの手この手で安産を祈り、成長を見守り、健康を願うしきたりが生まれてきたのです。

妊娠5か月目の戌の日には、「帯祝い」を行ないます。神社にお参りをしてお祓いを受けた帯をいただき、お腹に巻いていきます。安産祈願で知られた神社では、祈祷をした帯を用意しているところもあります。この帯は「岩田帯」と呼ばれていて、かつてはおもに木綿のさらしなどでした。お腹の中の赤ちゃんの位置を安定させる効果があるのです。いまでは時代に合わせて、より実用的な妊婦用のコルセットやガードルを使うことも増えてきています。

そのルーツは神話の世にさかのぼります。『古事記』によれば、戦場で産気づいた神功皇后が石と一緒に腹帯を巻くことで身体を冷やして出産を遅らせ、凱旋後に無事わが子を産んだそうです。この故事から宮中では安産祈願の儀式として伝わってきましたが、江戸時代になると庶民にも広がっていきました。

どうして戌の日なのかといえば、犬は多産で、しかもお産が軽いから。犬にあやかって少しでも安産であるように祈ったのです。戌の日は12日ごとにめぐってくるので、体調を見て神社に出かけてみるといいでしょう。

また、妊婦はトイレをしっかり掃除するといい、ともいわれます。トイレに宿る神さまは出産にも関わっており、ふだんからきれいに掃除をしていれば美しい子どもが産まれるそうです。トイレの神さまが美人の女神なのです。

無事に出産を迎えたら、この世に生を受けたことを祝い、家族に迎え入れるための儀式として、産湯で身体を洗います。ただ現在では、出産直後の赤ちゃんの肌には「胎脂」という雑菌から身を守ってくれる油膜のようなものがつくられていることがわかってきました。これを残すために、分娩時には身体を拭くだけにしておく「ドライテクニック」という方法を採り、3日後くらいに産湯に入れるという選択肢も出てきています。

祝い事のしきたり

お宮参り

赤ちゃんの初めてのお出かけにあたるお宮参り。主役の赤ちゃんのためにその作法を知っておきましょう。

地域を司り、見守ってくれる神さまである氏神さまに、子どもの誕生を知らせる。それが「お宮参り」です。自分が住んでいる土地の神さまに挨拶をして、地域社会の構成員、つまり氏子（↓P60）として認めてもらうという意味もあるのです。

お宮参りは一般的に、男子は生後31日目、女子は生後33日目に行ないます。このときの服装は、なるべく正装であることが求められています。昔は着物でしたが、いまではスーツでも大丈夫。そして主役である赤ちゃんも着飾ります。白《しろ》羽《は》二重《ぶたえ》という産着の上に、豪華な祝い着をかけた姿が、生まれてはじめての正装です。かけ着ともいわれる祝い着の柄は、男子だったら鷹や武者など勇壮なもの、女子なら花柄の友禅など華やかなものが好まれますが、生後間もない赤ちゃんに着せるのはたいへんなのでベビードレスを使う家庭も増えています。

体験して楽しむしきたり

お食い初め

生後100日には「食べものに困らない人生であるように」と祈りを込めて「お食い初め」のお祝いをします。赤飯や鯛など縁起物を食卓に並べて、赤ちゃんはミルク以外のものを初めて口にします。とはいえ、あくまで食べる「ふり」。食事には氏神さまの神社で拾った小石も添えます。「歯固めの石」といって、丈夫な歯が生えるようにというおまじないです。

お食い初めの様子（©katorisi）

そしてお宮参りのときに赤ちゃんを抱くのは父方の祖母の役目。その昔、出産からまだ1か月では、母親は穢れた状態にあるとされていたからです。

古くからの日本人の考え方では、大量の出血を伴う出産は穢れたものでした。母親はその状態がもとに戻るまでは、聖域である神社にも行かなかったのです。ですがこれは、出産で体力が落ちた母親を気づかい、労わるためのものだったとも考えられています。

そんな時代の名残で、お宮参りは父方の祖母が赤ちゃんをつれていっていましたが、いまではこうしたタブーも気にしない時代となっています。家族で神前に出向き、神職に祝詞を上げていただき、我が子の無事な成長を祈りましょう。

祝い事のしきたり

七五三

子どもの成長を祝う行事、七五三。その成長は、なによりも喜ばしいものとしてとらえられました。

11月15日、その年に3歳、5歳、7歳を迎えた子どもを地域の氏神に連れていき、成長を祝う七五三。これはもともと、武家や宮中で行なわれていたもので、それぞれ別の行事でした。

3歳の男の子と女の子が迎えるのは髪置きの祝い。赤ちゃんの頃は剃っていた髪の毛を伸ばしはじめる儀式です。5歳になった男の子が、はじめて袴をつける儀式が袴儀《はかまぎ》の祝い。紋付の着物に羽織袴をまとい、これで晴れて日本男児の仲間入りというわけです。そして7歳の女の子は、大人と同じ帯を締める帯解きの祝いで、日本女性の一員になるのです。この晴れ晴れしい姿を写真に収めることは、家族の大きな喜びでしょう。

この3つのお祝いが一緒の日になったのは江戸時代だといわれています。旧暦の11月15日は、中国の暦のひとつである二十八宿《にじゅうはっしゅく》によると、鬼が出歩かない「鬼宿」という日で、なにをするにも縁起の

知って楽しむしきたり

千歳飴

その名前の通り、長寿の願いが込められている千歳飴。これは江戸時代に浅草の飴売りが紅白の飴を売り出したことがはじまりだといわれています。縁起がいいとされる鶴亀や松竹梅があしらわれた細長いパッケージが特徴的です。中身の飴もとっても長いものですが、これもやはり長寿を祈願する意味があります。

いい日だとされていたのです。また、この日に5代将軍・徳川綱吉が息子の3歳のお祝いを行なったことにも由来があるのだとか。

いまでは有名な神社や写真スタジオなどもかなり混み合うので、11月15日にこだわらない家庭が多いようです。

さて、七五三には、もうひとつ意味が隠されています。医療が発達していない時代、子どもたちは病気などで亡くなることがよくありました。親は必死でわが子の健康を祈ったのです。そんな心配も、7歳くらいになって抵抗力がついてくれば、もう大丈夫。そこで氏神のもとで、氏子のひとりとして認められる「七つ子祝い」という通過儀礼が、七五三のルーツなのです。

冠婚葬祭のしきたり

成人式

現在はプチ同窓会の役割も担う成人式ですが、本来どのようなものだったのでしょうか。

人生における大事な節目の儀式の中でも、代表的なものを指して「冠婚葬祭」といいますが、このうち「冠」は成人式を表しています。なぜなら、成人式とはもともと、男の子が冠をかぶる儀式だったからです。

その風習は奈良時代にはじまったといわれています。数え年で12〜15歳くらいになると、もう一人前として認められ、男性として大人の装いをすることが認められたのです。氏神の前で正装をまとい、髪型を整えて、冠をかぶる……大人と同じ服装を着るという意味で、これは「元服」と呼ばれました。武家では、冠ではなく烏帽子という長細い礼装用の帽子をかぶることもありました。

このときにはしっかりと褌を締め、また大人の男に必要な性についての知識を教えてもらう地域もあることから「褌祝い」ともいわれます。この日を境に、ひとりの男として、結婚ができるというわけです。

一方、女子の元服は12～16歳ごろ。裳《も》という着物の一種を袴の上から羽織る儀式を行ないました。結婚を前にした貴族の女子が行なうものでした。お歯黒をして、眉を剃るなどの化粧も施したそうです。髪型も大人らしく、おかっぱを改め、後ろでまとめて結うようになります。そのため女子の元服は、裳着《もぎ》、髪上げともいわれます。

10代半ばでひとりの社会人、地域の一員として扱われ、責任を持って生きることが義務づけられたのです。大人への通過儀礼でもあり、男子なら米俵（60～80キロ）1俵を持ち上げられるか、女子であれば田植えのスピードを見る腕試しをする地方もあったのだとか。

武家や宮中での元服の慣わしは、庶民にも広まっていきました。元服は小正月に行なっていたことから、戦後の1948年には1月15日が成人の日と定められています。2000年からは1月第2月曜と変わりました。

2018年には成人年齢が18歳に引き下げられる法案も出される予定です。すでに選挙権は18歳以上に認められており、昔のように少し早めに大人になる日が来るのかもしれません。どんな社会になるのでしょうか？

冠婚葬祭のしきたり

結婚式

たくさんのしきたりがある結婚式。それだけ結婚というのは、人生において大切なものであるともいえます。

古式に則った結婚の儀式を行なうことはなかなか少なくなっている現代社会。それでもひとつひとつのしきたりを見ていくと、新郎新婦の幸せを、両家の和やかな結びつきや繁栄を祈るものばかりなのです。

たとえば結納。結婚を約束した両家が、これから家族として結びつく挨拶として、お互いに贈り物をすることで、平安時代には行なわれていたといいます。両家の家族による婚約の儀式ともいえるものです。昔は互いにお酒や肴を持ち寄っていたといわれますが、これがだんだん変化していきました。現在では新郎側から新婦側にさまざまな結納品を送ります。

結納品の用意は結婚業者や結婚式場、デパートなどに任せきりで、形式的になってしまっていることも多い世の中。しかしそこには大事な意味が隠されているので、水引（↓P138）で飾られた結納品を見てみましょう。

こんぶ（子生婦）は子宝に恵まれるように。ながのし（長熨斗）は不老長寿の象徴であるアワビを干して伸ばしたもの。するめ（寿留女）は末長い夫婦生活の、いざというときの保存食として。かつおぶしには勝男武士という漢字が当てられ、たくましい子どもが育つように。そして、麻糸はともしらが（友志良賀）と呼び、白髪になるまで夫婦円満で……。こんな縁起物を、５、７、９品と奇数贈ります。地域によっても違いがあります。

この返礼として、新婦側が結納返しを行います。結びつきの品を納めあうから、結納と呼ばれているのです。

さて、いよいよ結婚式当日、最近は昔ながらの神前結婚式を選ぶ人も少しずつ増えているのだとか。その中でも大事な儀式のひとつが、三々九度です。神職のお清めのあと、新郎新婦が巫女からお神酒を受け取り、順番に飲んでいきます。まず小盃を新郎、新婦、新郎の順で飲み、次に中盃を新婦、新郎、新婦と飲み、最後に大盃を新郎、新婦、新郎と飲んでいく。３つの盃を３回にわけて、計９回で飲むために三々九度と呼ばれます。

いまでは口をつけて飲む仕草だけでも大丈夫ですし、ひとつの盃を新郎新婦一度ずつだけで飲むことも多いようですが、そこに込められているのはやはり夫婦、両家の幸せな将来を願う気持ち。何度も盃を重ねることで結びつきが強まると考えられました。また古来から奇数は縁起のいい数とされてきました。お祝いのためにも、おめでたい数字を連ねたのです。

三々九度のあとは玉串奉奠です。神さまが宿るといわれる、紙垂《しで》という飾りをつけた榊の枝を神職から受け取り、神前に捧げます。

ところで結婚式といえば、白無垢やウェディングドレスなど、花嫁の美しい衣装も見ものです。しかし白装束はまた、死者が着るものでもあるのです。日本の伝統的な結婚式では、新婦は実家を発つ前に、茶碗に盛られたご飯を食べ、空になったその茶碗を玄関先で割るしきたりがありました。葬儀では、死者の枕元に枕飯を備え、出棺のときにはやはり茶碗を割ります。このときに藁火を焚きますが、新婦が新郎の家に入る前にも、同様に藁火を焚くのです。死者が白装束と炎とであの世に旅立っていくのと同様、新婦は実家の娘としては一度死ぬのです。そして新郎の家の花嫁として、白無垢に身を包んで生まれ変わる……。

白という色には、そんな意味が込められているのです。結婚式のお祝いムードの中にも、新婦とその両親はどこか寂しげで、切なさをたたえているものです。それは「嫁入り」という言葉の重さを、風習にしばられることが少なくなったいまの時代でも、感じているからではないでしょうか。

知って楽しむしきたり

引出物

鯛を模したかまぼこの引出物

遠く平安時代、結婚式などの晴れやかな宴会のあと、家の主人が馬を「引き出して」きて、招待客に贈ったという故事があります。ここから、冠婚葬祭やおめでたいイベントのときに、客に配られる品を「引出物」というようになったそうです。

かつては砂糖でつくられた鯛や、鰹節が定番でした。砂糖は甘味が貴重だった時代には喜ばれたし、鰹節も実用的で、また鰹の背でつくった「雄節《おぶし》」と、腹でつくった「雌節《めぶし》」のふたつもセットで贈り、夫婦円満のシンボルとしました。

地域によってお菓子やかまぼこ、饅頭などさまざまな引出物が贈られてきましたが、結婚式の多様化によっていまではカタログギフトが好まれるようになっています。

重たくないもの、かさばらないもの、ふだん使いの日用品など、もらう相手の立場で贈ることが、引出物のマナーといえるでしょう。

祭祀のしきたり

厄年

一般的に「よくないことが起こる」といわれる厄年ですが、別の考え方もできるようです。

誰しも厄年を迎えると、なんとなく不安になったり身構えたりするものです。

男性は25歳、42歳、61歳。女性は19歳、33歳、37歳（いずれも数え年）。この時期は災難に見舞われやすいといわれ、まわりでも「こんなたいへんなことがあった」なんて話を聞かされるかもしれません。とくに男性42歳、女性33歳は「大厄」と呼ばれ、要注意なのだとか。さらに、それぞれの厄年の前後は前厄、後厄と呼ばれ、3年間は気をつけたいとされます。

厄年は中国の陰陽道の考えがもとになっています。その時期になると心身のバランスが崩れるといわれますが、確かに男性は本厄のあたりは働き盛りで、責任も重くなってくるもの。女性は婦人科系の病気が現れたり、出産で身体が弱まったりもします。だから厄年を迷信ととらえるのではなく、これまでの人生で蓄積されてきたストレスや疲れが出てくる時期と考えて、生活習慣を見直すいい機会

体験して楽しむしきたり

厄祓い

神社やお寺で厄祓いをすれば、きっとさっぱりした気持ちになれるはず。年明けから節分までの間が良いといわれます。初詣のときに一緒にお祓いをしてもらう人も多いようです。ラフな服装は避けたほうがいいでしょう。厄祓いで有名な寺社は混むので予約を受けつけていることもあります。祈祷料は5000円～が相場です。

としたいものです。

そして厄年は「役年」だともいわれます。社会や家庭の中で、大きな「役」を担うようになってくる年齢。それを前に、気持ちを新たにしようじゃないか……厄年は気分を切り替え、次のステップを見すえる年なのです。

だから日本人はさまざまな方法で厄を落とそうとしました。「ふだん身につけているものに穢れや災いがついている」と考えて、江戸時代には男性ならふんどし、女性は櫛を捨てたり、節分の日に豆を捨てることも。厄年の人が宴を開いて、招待客にごちそうをしたり、災いを祓う効果があるとされる赤い色を身につけたり……人生を見つめ直し、気持ちを新たにすることが、厄年の意味なのです。

祭祀のしきたり

地《じ》鎮《ちん》祭《さい》

新たにその地に根ざすときはぜひ神さまにご挨拶を。地鎮祭はそのための儀式です。

いまでは行なう人も減ってきているといいますが、それでも家を建てるときには地鎮祭をする慣わしがあります。その土地に住む神さまに建築の許しを乞い、工事の無事を祈願し、敷地を清める……そんな意味があります。地の神を鎮める祭りであるから地鎮祭で、地祭り、とこしずめのまつりともいわれます。

地鎮祭は『日本書紀』にも記述されています。692（持統天皇6）年に「新益京《しんやくのみやこ》を鎮め祭らしめた」という一文が出てくるのです。新益京とは藤原宮のこと。この記載の2年後に、持統天皇は飛鳥を離れ、藤原宮にいわば引越しをしています。

現代の地鎮祭は、おもに神職が行なうので、新しく家を建てる地域の氏神に相談するといいでしょう。竹や榊、注連縄《しめなわ》など、神さまを宿らせるための祭壇は神職が用意してくれます。施主は、お酒やお米、野菜、魚などのお供えものを用意しましょう。

地鎮祭は大安吉日がよく選ばれます。祭壇は神籬《ひもろぎ》と呼ばれ、四方に竹を立てて、注連縄をめぐらせて囲みます。そこにお供えものを捧げて、神さまを呼ぶのです。この小さな祭壇は、臨時の神社のような存在でもあります。

そして神職が祝詞を上げて、土地の神に祈ります。その土地に生えた草を鎌で刈ったり、鍬で土地をおこしたりといった儀式もあります。最後に関係者一同で玉串を捧げて、儀式は締めくくられます。

工事が進み、建物の基礎ができ、屋根を支える棟木を引き上げたときには、上棟式を行ないます。やはり祭壇をつくって、建物にお神酒をまいて清めていきます。このとき、餅やお菓子、小銭をまくこともあります。これには、近所の人々に福をおすそわけするという意味があるそうです。また工事関係者をねぎらう儀式でもあるのです。

地鎮祭や上棟式は、個人の住宅では行なわない人も増えています。しかし、自宅を実際に建設してくれる職人たちなど、工事の関係者と顔を合わせるいい機会でもあるのです。またご近所に挨拶をするきっかけにもなります。このときに人間関係をつくっておけば、きっと新しい暮らしもうまくいくはずです。

祝い事のしきたり

還暦

さまざまな人生経験を重ねて迎える還暦。気持ち新たに再出発、という人も多いのではないでしょうか。

いまの時代の60歳は、皆さん若々しいものです。まだまだ人生これからと若い人より元気だったりしますが、「人生50年」とも謳われた時代、60歳を超えれば長生きで、おめでたいことだとお祝いをしました。

その節目が還暦。「暦」がめぐり、「還」ってくると書きます。これは、中国にルーツを持ち、日本に伝わってきた暦の考えからきています。

その暦とは、まず現代でも広く使われている「十二支《じゅうにし》」です。子《ね》、丑《うし》、寅《とら》、卯《う》、辰《たつ》、巳《み》、午《うま》、未《ひつじ》、申《さる》、酉《とり》、戌《いぬ》、亥《い》の12種類で、自分がどの年に生まれたのかは誰でも知っているはず。そしてもうひとつが「十干《じっかん》」です。ものごとの順序や階級などを俗に表す甲《こう》、乙《おつ》、丙《へい》からはじまり、丁《てい》、戊《ぼ》、己《き》、庚《こう》、辛《しん》、壬《じん》、癸《き》と10種類が続きます。

贈って楽しむしきたり

還暦のお祝い

まだまだ若い現代の60歳に、ちゃんちゃんこはちょっとお爺ちゃんすぎると考え、別のものを贈る習慣が出てきています。ネクタイやタイピン、ハンカチ、靴下あたりが人気。はでな赤一色ではなく、さりげなく赤がワンポイントで添えられたものなら、普段使いにもちょうどいいでしょう。

赤いちゃんちゃんこ（© PATHOS／PIXTA）

このふたつが組み合わさり、年や日付、あるいは方角を表したのです。十二支と十干で「干《え》支《と》」なのです。例えば２０１８年は十二支だと戌年ですが、十干は戊となります。合わせて戊戌《つちのえいぬ》が、干支となります。

この十干十二支の、最小公倍数である「60」ですべての組み合わせがひとめぐりするのです。60の異なる干支を過ごし、満60歳（61年目）に、生まれたときの暦に還る……それが還暦なのです。

だから赤ん坊に戻って、赤いちゃんちゃんこを着る慣わし。赤は子どもを病や災厄から守る色と考えられてきました。60の暦を刻むうちには、本当にいろいろなことがあったと、思い出し、お祝いをする日なのです。

第3章

笑いのお祭り、福を呼ぶ儀式

祭祀のしきたり

無礼講

お酒の席で聞くことが多い「無礼講」という言葉。その意味や由来を説明できますか？

日本人はことあるごとにお酒を飲む人々です。若い層の間では「お酒離れ」の傾向ともいわれますが、それでも飲み会の席はひんぱんにあるのではないでしょうか。仕事が絡むとさらに酒席も増え、ときには、

「今日は無礼講だから、堅苦しいことを抜きにして楽しくやりましょう」

なんて音頭で座が始まることもあるでしょう。

この「無礼講」、誤解している人も多いのですが、上下関係を越えた「無礼」が許される場ではないのです。

そもそも、日本における宴会、お酒の席といえば、古来は神事のことでした。お祭りやお祓い、お祝いなど、日常生活を離れた神さまとの触れ合いを神社で行なうことを、日本人は大切にしてきまし

た。そうした神事のときには必ず、神さまにお神酒を供えるものです。

神事のあとには、参加者でこのお神酒をいただく習慣でした。これには儀礼的に、やはりお供えものの お米や野菜でつくった肴が添えられました。そしてお供えものを、つまり神さまと同じものを、人が口にする。これは直会《なおらい》といわれ、神事を締めくくる儀式でした。だから厳かに行なわれ、お神酒も上座から下座へと回され、酔い乱れることもありません。こうして「神人共食」することにより、神さまの力を得られると捉えられてきたのです。この場を「礼講」ともいいました。

すべての儀式が無事に終わり、ほっと息をつく。これでひと安心だ。それじゃ肩の力を抜いて、ゆっくりと飲みなおそうか。もう礼講ではないから、気楽に行こう……そんな席こそが「無礼講」なのです。上座も下座もなく、酌をしあい、酌み交わしたことでしょう。

本来は「ちょっとリラックスしようか」というほどの意味なのですが「無礼をしてもよい」と勘違いしてしまう人の姿は、古典落語の『妾馬《めかうま》』にも描かれています。大名の前で粗相をしてしまうのですが、逆に興味を持たれて、侍として引きたてられるという出世物語でもあります。いまでもありそうな話ですが、上司が「無礼講で」と言ったとき、どうふるまうのがベストなのか。現代のサラリーマンにとっても悩みどころかもしれません。

祭祀のしきたり

縁日

お祭り＝縁日だと思っている人も多いでしょう。となると、縁日の「縁」とは何を表すのでしょうか？

神社やお寺の境内にたくさんの屋台が並び、和やかに、賑やかになる縁日。夜になれば提灯が灯され、幻想的ですらあります。いまではお祭りの一種と思われている縁日ですが、そもそもはお参りの日でした。

「縁」のある「日」という字にも表れていますが、縁日とはその神社やお寺に縁の、ゆかりのある日のこと。「有縁《うえん》日」ともいいました。寺社に祀られている神さまと、よりお近づきになれる日を指したのです。

たとえば、毎月8日と12日は薬師如来の縁日。この日に薬師如来を祀っているお寺に行って参拝すれば、いつも以上にご利益がいただけるとされました。15日は阿弥陀如来、16日は閻魔、18日は観世音菩薩、いわゆる観音さま。21日は弘法大師で、24日は地蔵菩薩、つまりお地蔵さまなどなど、さまざまな縁日があります。また観音さまの場合、7月10日は特別な縁日です。「四万六千日《しまんろくせんにち》」といわれ、いつもの参拝の4万6000日分のご利益があるといわれたのです。それぞれの神仏の、降臨（生まれた）した日や命日などにちなんでいるといわれます。

日にちではなく、干支で縁日を定めている場合もあります。大黒天は甲子《きのえね》、弁財天は己巳《つちのとみ》、稲荷神は午の日、また毘沙門天は、1月、5月、9月の最初の寅の日が縁日です。

ここまで出てきた神さまを見てもわかる通り、縁日とはおもに仏教の習慣。これが中国を経由して日本に伝わってきました。平安時代の『今昔物語集』には「今日は18日で観音の縁日」と、また鎌倉時代の『古今著聞集』にも「15日は阿弥陀如来の縁日」と記述されており、中世にはすでに定着していたようです。

縁日には、各地の寺社は参拝客で賑わいました。そんな人々を当て込んで、出店や見せ物もやってくるようになります。中にはお店がそのまま居ついて、さらに数が増え、大きな門前町を形成した場所もあります。やがて地域によっては、お祭りも行なわれるようになっていきます。江戸時代以降は、お参りがてら、食事や買い物も楽しむ日として親しまれるようになっていきます。いまではむしろお祭りの色彩が濃くなっていますが、ふだんよりも神さまとの距離が近いこの日、お堂に手を合わせてみてはどうでしょうか。

祭祀のしきたり

お神輿

お神輿とは何でしょう。激しく揺らしたり、ある地域では水の中に投げ入れたり……。それには理由がありました。

日本のお祭りに欠かせないものといえば、お神輿ではないでしょうか。はっぴ姿にねじり鉢巻の男たちが、かけ声も勇ましくお神輿を揺らし練り歩く姿は、まさにお祭りの華。

しかし、このところ急増している外国人観光客に、お神輿とはいったいどんなものなのかと聞かれて、答えに窮した人もいるのではないでしょうか。意外に知られていないのですが、お神輿とは「ミニ神社」なのです。

ふだんは神社の中にいる氏神さまが、お祭りになるとお神輿に乗り移り、自分が管理している地域を巡回していく。だから（原則として）お神輿を担いでいるのは氏子、つまり氏神さまの神社の周辺に住んでいる人々なのです。本来は、縁のない観光客が飛び入りで担いでいいものではないのです。

知って楽しむしきたり

日本最大のお神輿

日本最大のお神輿といわれているのが、東京・富岡八幡宮の一宮神輿。高さ4メートル39センチ、重さ4・5トンで、ダイヤモンドやルビー、純金が施された豪華なもの。ただあまりに重すぎて担ぐことができず、展示されています。お祭りのときには、ひと回り小さな二宮神輿を担ぐのだとか。

富岡八幡宮・一宮神輿（©Hajime NAKANO）

神社を飛び出し人々の住まう様子を見てまわる神さまも、お祭りとなると気持ちが昂ぶるのか、お神輿は揺らせば揺らすほどいいといわれます。そうすると中の神さまが喜び、地域に幸福をもたらしてくれるといわれます。あの勇壮に、激しく担ぎ上げて揺らす姿にも、ちゃんとした意味があるのです。

お神輿は臨時の出張神社であるわけですから、装飾もよく見れば神社そっくりです。中央に立派な本殿が座し、その正面には鳥居が立っています。鳥居をくぐっていけば階段が現れ、その奥には本殿を巡る回廊までもがきちんと表現されています。そして、その神社と同じ紋が刻まれています。いまでも職人の手仕事によるお神輿の装飾は見ものです。

祭祀のしきたり

強飯式《ごうはんしき》

ここからは、日本各地に残る笑いや福にまつわるお祭りを紹介します。まずはご飯をたらふく食すお祭りから。

「さあ、食え！」

と目の前に差し出されたのは、ひとかかえもある巨大などんぶり。湯気を立てる白いご飯がまさに山と盛られ、受け取ってみればずっしりと重い。三升およそ5・4キロにたじろいでいると、「これを75杯じゃ、しっかりと食べよ！」と一喝されるのです。

75杯どころか1杯だってとうてい食べられないでしょうが、こんなお祭りが栃木県の日光市に伝わっています。舞台は日光山内。東照宮や二荒山神社とともに、ユネスコの世界文化遺産にも登録されている輪王寺《りんのうじ》です。

昔から日本人は山を神聖なものとして崇めてきましたが、これに仏教が混じりあい、修験道《しゅげんどう》という教えが現れてきます。その信者の中でも、山にこもって修行をする人々は山伏《やまぶし》と呼ばれました。彼らは日光山も修行の場として訪れていましたが、山中にある本尊に供えていたものを帰路に持ち帰り、里の人々に分け与えていたといいます。山の神のご利益がいただける、と村人たちはありがたがったのですが、日光の発展とともにだんだん姿を変えていきます。

徳川家康を祀った東照宮が建造されるころには、現在と同じ形式の「強飯式《ごうはんしき》」という儀式に変わっていったそうです。山伏姿の男たちに特盛りご飯を強いられることから「日光責め」とも呼ばれました。挑戦者たちは「頂戴人」と呼ばれ、日光三社権現のご加護によって「七難即滅《しちなんそくめつ》、七福即生《しちふくそくしょう》の現世利益」が得られるといわれたのです。江戸中期になると、徳川家はじめ大名たちの間で評判となり、参加者が相次いだとか。

強飯式のあとは、授かった福を参拝者たちにおすそわけします。山伏や頂戴人、僧侶たちが、輪王寺境内の三仏堂からお供えものをまくのです。縁喜がらまきといわれます。強飯式は毎年4月2日。日光山のご利益をいただこうと、おおぜいの人々が押しかけます。ちなみ山盛りご飯は、あくまで儀式なので食べる必要はないそうです。

栃木県内には、やはり日光の子供強飯式、鹿沼市発光路《はっこうじ》の強飯式など、同じような儀式があります。どこかコミカルですが、山を神さまと見立て、敬ってきた人々の気持ちもまた、伝わってくるのです。

祭祀のしきたり

笑い祭り

笑いには不思議な力があり、人々を活気づけてくれます。ここでは、笑いのお祭りを3つご紹介。

日本には各地に「笑い祭り」が伝わっています。喜びや安堵を感じて思わず漏れる笑み。快哉《かいさい》の笑い声。日々の生活を温かにする笑いそのものを、日本人はお祭りや神事にまで昇華させたのです。

愛知県の熱田神宮では、毎年5月4日の酔笑人《えようど》神事が行なわれています。三種の神器のひとつである草薙《くさなぎ》の剣《つるぎ》が、皇居から熱田神宮に移されたことを喜び、神職たちが高笑いをするのです。その笑い声から「オホホ祭り」ともいわれています。

また山口県防府市の「笑い講」は市の無形民俗文化財に指定されており、1199年から続いているといいます。直会（↓P89）のあと、榊を手にした人が3度大笑いをしていくものです。榊は順に手渡され、だんだん場は賑やかになっていき、最後は全員で大笑い。毎年12月に行なわれていて、その年の収穫に感謝し、翌年の豊作を祈るお祭りです。

きわめつけは和歌山県日高川町にある丹生《にう》神社の名物ともなっている笑い祭りでしょう。主人公は「鈴振り」という役目で、その姿はピエロそのもの。真っ赤な頭巾をかぶったその下の顔は真っ白に塗られ、「笑」の文字まで描かれています。服はやっぱり赤やら黄色やらのはではでな原色。そんな格好でいきなりお神輿の前に登場するのです。そして「永楽じゃ、笑え笑え、世は楽じゃ！」と叫びながら、集まってきた人々を笑わせ、お神輿の先導を務めていきます。神社にお神輿が戻ってくると、太鼓や獅子舞などの芸が奉納されます。なんとも珍妙なのですが、県の無形民俗芸能にも指定されています。

その由来は神話にあります。日本全国の八百万の神々が、出雲に集まって会議をするという旧暦10月。世間から神さまがいなくなってしまうというこの神無月に、うっかり寝坊をしてしまった神さまがいたのです。それが丹生神社が祀っている丹生都《にうつ》姫命《ひめのみこと》でした。大事な会議に遅刻して落ち込んでいる丹生都姫をどうにか慰めようと、人々はあの手この手で笑わせようとした……そんな伝説が残っています。

このお祭りが開かれる日高川町は、世界的に有名なガイドブック『ロンリープラネット』によって「世界で最も幸せな場所ランキング」ベスト10にも選ばれています。

祭祀のしきたり

悪態祭り

悪態をつくなんて本来は褒められることではありません。今回はその悪態に関するお祭りです。

茨城県中部に位置する笠間市。そのシンボルともいえる存在が、標高306メートルの小高い愛宕山です。13の天狗が住み、修行していたという伝説を持つこの山には、なんとも奇妙なお祭りが伝承されているのです。

毎年12月のお祭り当日。愛宕山の麓には、白装束にマスク姿の13人が集まります。伝説の天狗に扮しているのです。彼らは神職に先導され、お供え物と、竹ざおを手に、愛宕の山中を巡っていくのです。

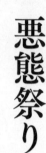

そして目的の祠に着くと、神職が祝詞を唱え、天狗がお供えをし……そこへ、見物人が飛びこんでくるのです。3人、4人とたいへんな剣幕でお供えものにしがみつき、激しい奪い合い。天狗たちは竹ざおを振り下ろし、群集を追いはらおうとしますが、お供えものは持ち去られてしまいます。

さらに一行は次なる祠を目指して歩いていきますが、待ち構えていた人々からは罵声が投げかけられるのです。

「早くしろ！」「遅いぞ、この野郎！」

畏れ多くも神職と天狗に向かって悪態をつく人々。そして祠ではまた、お供え物の争奪戦が始まるのです。山には16の祠が点在していますが、これらを訪ねながら愛宕山を回っていきます。そして最後の祠の後には愛宕神社に向かい、境内から天狗たちが参拝者に餅をまいて、お祭りの締めくくりとします。

江戸時代から愛宕山に伝わっているこの「悪態祭り」、藩のお役人が民衆の意見を聞こうと思い立ち、始まったといわれています。この日だけはどんな罵詈雑言でも許されたのだとか。見事お供えものを奪えた人には、幸運があるといいます。

こうしたお祭りは少ないながらも日本各地で行なわれています。栃木県足利市では大晦日に悪口を言い合い、新しい年を迎えるお祭りがあります。このときは大声コンクールも開催されるのだとか。人間、ときには悪態をつきたいことだってあるもの。日々積もったストレスを発散させ、日常を打ち破るためにも、参加してみてはどうでしょうか。

祭祀のしきたり

野《の》神《がみ》祭り

数百年前のある女性にまつわる出来事が語り継がれ、祭りとして現代に残りました。

14世紀、鎌倉時代から南北朝時代にかけて活躍した武将、新田義貞《にったよしさだ》。鎌倉幕府を倒して新時代を開いたヒーローでもありますが、彼には最愛の妻がいました。『太平記』によれば、それは美女として世に知られた勾当内侍《こうとうのないし》です。

義貞は足利氏との戦いで命を落としてしまうのですが、このとき彼女は大いに嘆き悲しみ、尼さんとなって余生を義貞を弔うことに捧げたといいます。

しかしもうひとつ、伝承が残されているのです。勾当内侍は悲嘆のあまりに、琵琶湖に身を投げたというものです。これを哀れに思った地元の人々が塚を立てました。そこに、彼女を祀神とする野神《のがみ》神社が建立され、現在に至っているといわれます。

いまでも命日とされる毎年10月には野神祭りが行なわれ、その死を悼むのですが、内容はずいぶんと奇妙なものなのです。

祭りは「お渡り」という行事から始まります。神職を先頭にして、裃《かみしも》をまとった人々が神社を出発して地域を練り歩いていきます。このときにお供えものを載せたお膳を持っているのですが、かつてはこれを地面に投げつけたり、人にぶつけたりといったことが行なわれていたそうなのです。

それは相思相愛の夫を失い、心を病んでしまった勾当内侍の悲しみを表しているというのですが、なぜそれがお膳を投げることにつながっていったのか、はっきりとしたことはよくわかっていないようです。その錯乱した様子から「きちがい祭り」とも呼ばれ、奇祭のひとつとして数えられてきました。

ただし、いまでは「お膳投げ」でけがをする人も続出したことから、儀礼的にささやかに行なわれているのだとか。

夜になると、松明を掲げた人々が街を歩き、幻想的ではあるのですが、みなで「火事だ、火事だ！」と叫んでいるのも異様。勾当内侍の入水を知った人々が、なんとか人手を集めようとしたからという説もあるようですが、これも詳しいことは不明です。最後に勾当内侍の塚にお参りをして、この謎のお祭りは締めくくられます。

祭祀のしきたり

ひげなで祭り

お酒の席では、「グラスの残りが3分の1になったら酌のタイミング」といいますが、このお祭りでは少し違うようです。

千葉県香取市にある側高《そばたか》神社でも、奇妙なお祭りが行なわれています。神社の境内につくられた舞台で、並びあう紋付袴の男性たち。彼らのうち、西側に座っていて、立派なカイゼルひげをたくわえている2人は今年、地域のお祭りを差配する当番です。そして東側2人が来年の当番。これは、引継ぎの儀式でもあるのです。

お互い、盃に注がれたお酒を飲むのですが、そのあとに西側の2人がひげをなでたら、それは「もう一杯！」の合図。再び盃にはお酒が注がれ、東西の4人はまたもぐいっと飲み干します。さらにまた西側がひげをなでたら、お酒追加。ひげなでが続くまで、延々と酌み交わすしきたりなのです。

これは旧当番による、新当番に対する接待でもあるわけですから、新当番は何杯続こうと応じなくてはなりません。1杯飲み干すごとに、当番たちの座る地面には竹の串が刺されていきます。20杯以上も飲み干す酒豪も珍しくはないそうです。

この「ひげなで祭り」が始まったのは鎌倉時代、１２１４年と伝えられています。実に８００年の伝統があるのです。五穀豊穣、子孫繁栄を祈願してのものなのだとか。

いまのルールでは、東西のやりとりは7組にわたって繰り広げられます。最初の組はまず1杯、次の組は3杯、さらに次は5杯、そして7杯、7杯、5杯、最後の組は1杯。この決められた数の杯をとりあえず空けてから、ひげなでの合図による「おかわりタイム」となるのです。そして西側のひげたちが満足するまで、交歓は続きます。

ちなみに西側の2人のひげは、つけひげです。おおげさなカイゼルひげをつけるようになったのは現代のユーモアです。ですがその昔は、本物の自前のひげで儀式に臨んでいたそうです。盃のさしあいのとき、ひげについたお酒をぬぐったことで、このお祭りが始まったのだ、という説もあります。

同じく千葉県のにらめっこおびしゃ、栃木県の益子《ましこ》祇園祭《ぎおんまつり》で行なわれる御神酒頂戴式など、とにかくお酒を飲むお祭りは日本各地にあります。こうしてハレの日を思いっきり楽しめるのも、ふだん一生懸命に働いている日常があるからでしょう。

祭祀のしきたり

ショウガ祭り

神さまに供えられるものはさまざまで、その共同体にとって大切なものが採用されることが多いようです。

インド南部などの熱帯アジアが原産で、紀元前2～3世紀に中国を経由して日本に伝わってきたというショウガ。以来、香辛料や野菜として、日本人に親しまれてきました。すぐれた殺菌・消臭効果のほか、胃の働きを助けたり、また風邪の予防、冷え性の改善など、さまざまな効能があることから、生薬としても使われてきました。もはや日本人の生活には欠かせないものとなっているショウガですが、いまではお祭りの主役になるほど愛されています。毎年9月8、9日、東京の郊外のあきるの市にある二宮神社の秋の例大祭は、別名「ショウガ祭り」と呼ばれているのです。

お祭り当日、神社に至る参道の左右には屋台が並ぶのですが、これがどれもショウガを売るものばかり。街の商店も軒先にショウガを並べており、まさにショウガ一色といった様子。みそにつけて試食できる店もあり、どこでも飛ぶように売れていきます。

このお祭りにあたっては、神饌《しんせん》（お供えもの）として、牛の舌の形をしたお餅、子持ちの里芋、そして葉つきショウガを捧げる風習があります。平安時代にはすでにあったといわれる二宮神社ですが、ショウガを供えるようになったのは江戸時代のことのようです。病気が流行したことから、殺菌作用のあるショウガに注目したと考えられています。

それから二宮神社のショウガは広く知られるようになり、年に一度の「神さまからいただくショウガ」を食べれば無病息災で風邪知らずと人気になっていったのです。

ショウガを大切にする風習はほかにもあります。8月1日の八朔《はっさく》の日には、お世話になっている人に挨拶に行くものでしたが、このとき葉つきショウガをお土産にしたといいます。またお嫁さんが実家に里帰りするときも、ショウガを持っていったそうです。

そして東京・芝大神宮でも、9月にはショウガ祭りが開かれます。やはりショウガの奉納が行なわれますが、10日間も続くことから「だらだら祭り」ともいわれます。

石川県の金沢市は波自加彌《はじかみ》神社がありますが、はじかみとはショウガの古い呼び名。6月に行なわれるはじかみ祭りには、ショウガをはじめ香辛料の生産業者が集まってきます。神事のあとにはお清めされたショウガ湯がいただけます。

祭祀のしきたり

ジャランポン

日本中に「奇祭」ともいうべき不思議な祭りが残っています。しかしそのルーツを知ると見方が変わるはずです。

埼玉県秩父《ちちぶ》市。山地に囲まれたこの地域には、ふしぎな習俗がいまも残っています。その由来はかつて、蔓延する疫病をどうにか静めようとしたことにあるといわれます。人々は神さまに人身御供《ひとみごくう》を、つまり生贄を捧げて、その死をもって災厄を祓おうとした……。なんとも重々しい話なのですが、実際のお祭りはユーモラスきわまりないものなのです。

舞台は秩父市の下久那《しもくな》。公会堂が使われますが、この儀式自体は近くにある諏訪神社の春祭りのひとつ。午前中は諏訪神社で神事が行なわれますが、午後になると公会堂に場所が移されるのです。

その中では祭壇がつくられ、棺おけが安置され、お葬式そのものといった雰囲気。そこに現れるのは、白装束に身をまとい、三角巾をつけた「死者」、「人身御供」役の人。この方が実際に棺おけに入って、「死体」を演じるのです。「悪疫退散居士」という位牌さえ立てられ、まさにお葬式なのですが……。

僧侶役の人が唱えるお経はめちゃくちゃなもので、打ち鳴らされる鉦《しょう》や太鼓もファンキーでロックなリズム。死者役の人はむっくりと身体を起こして、お酒を飲みまくり、やはりおかしな調子で楽器とお経に合わせて歌いだすのです。いつの間にか参加者たちも酔っ払い、歌とお経が乱れ飛ぶ有様にみんなで大爆笑。これが秩父に伝わる、日本でも珍しい「奇祭」、ジャランポンです。ほとんどコントのように座は笑いに包まれていきますが、お葬式をモチーフにしていることから「葬式祭」とも言われています。

この騒動がひと段落すると、参加者たちは諏訪神社に向かいます。このときは神社の境内に棺おけを運び込み、死者役が再びその中に入って、皆で無病息災を祈り、ときにはまた歌ったり踊ったりして、お祭りはお開きとなるのです。

神事や葬儀の厳かさがどこにもない、むしろ笑い飛ばすかのようなお祭りなのですが、疫病が流行るなどして死が身近になってしまったら、このくらいの陽気さがないと立ち向かえないのかもしれません。秩父の一角のローカルなお祭りだったジャランポンですが、マスコミに取り上げられる機会も多くなり、観光客が増えているようです。

第4章

暮らしの中の大切なしきたり

作法のしきたり

おじぎ

「こんにちは」でも「初めまして」でも、挨拶のときに伴うしぐさがおじぎ。何千年も前から行われていたようです。

日本人は、人と会ったときに頭を下げて挨拶をします。おじぎです。その仕草は欧米人からすると滑稽なものに映るようですが、おじぎほど日本人の心持ちを表した習慣もほかにないでしょう。

なぜ頭を下げるのか。そこには、人体の中で最も無防備な首と、頭とを相手に見せて、無抵抗であることを示す気持ちが込められているのです。視線を外すことは、相手を信用していることの表れでもあります。

一方で欧米では握手が挨拶となっています。しっかりと手を結んではいますが、頭は下げず視線を相手から外すことはありません。そこには、完全には人を信用していない警戒心があるようにも感じるのです。

日本人はとかく「人を簡単に信用する」と、いい意味でも悪い意味でも言われますが、まずこちら

学んで楽しむしきたり

おじぎの作法

日本人なら美しいおじぎを身につけたいもの。座礼でも立礼でも、大切なのはまず背筋を伸ばした姿勢、そして呼吸です。息を吸いながらおじぎをし、頭が止まったところで息を吐き、最後にまた息を吸いながら頭を上げる。「礼三息《れいさんそく》」といいますが、自然とゆったりとした、かつていねいな仕草になるので、相手に対して好印象を与えることができるのです。

座ったままの「座礼」（© xiangtao ／ PIXTA）

が一歩下がって相手を受け入れていく姿勢は、誇っていいものではないでしょうか。

中国で3世紀に書かれた『魏志倭人伝』の中には、「日本人は道で高貴な人に出会うと、道を空けてひざまずき、頭を下げて挨拶をする」という記述があります。また古代の埴輪《はにわ》からも、おじぎをしているものが出土しています。太古の時代から、日本人にとっておじぎは大切な習慣でした。

その語源は「時宜《じぎ》」ではないかといわれています。「ものごとを行なうのにいい時期」を指す言葉です。やがて「ちょうどいい状況」「適切な挨拶」など、幅広い意味を持つようになり、江戸時代から現在の使われ方をされています。

言葉のしきたり

敬称

目上の人には「〜さん」、男の子には「〜くん」、女の子には「〜ちゃん」と呼ぶ……その語源はどこにあるのでしょう。

日本人は人を呼ぶときに、名前に「〜くん」「〜さん」などの敬称をつけます。相手を敬い、気づかうもので、さまざまな呼び方があり、日本語の豊かな表現世界を見る思いです。

もっとも一般的なものは「〜さん」ではないでしょうか。これは「様」がなまったものです。「様」は、御前様、お内裏様といった、貴族などに使われる敬称でした。高貴な方の名前をそのまま口にすることは失礼とされ、例えばその人が働いている内裏という場所を指したり、あるいは「その人の前」という意味の御前様、という言葉を用いたのです。なお「〜ちゃん」は、「〜さん」の子ども言葉です。

直接表現を避けるという考え方は、「殿《どの》」へとつながっていきます。宮殿、神殿、殿堂など、「殿」は大きな建物を表す言葉ですが、そこに住んでいる人を示す敬称へとなっていきました。やがて普通の人に対しても使われるように変わっていきます。

現在では「ちょっと堅苦しいのでは」と使われることがやや減ってはいますが、それでもオフィシャルな手紙や文書などではまだまだ広く目にします。「〜どん」は、この「〜どの」がなまったものです。「〜くん」は、「君」と書きますが、この言葉は「君主」などに使われている通り、身分の高い人を表しています。これが時代の移り変わりとともに友人同士での親しい敬称になりました。「〜くん」はかつて「僕」とともに使われることが多かったといいます。「僕」は「下僕」などの表現もありますが、自らへりくだった一人称。この「きみ」と「僕」を使って相手への敬意を表したのは意外と遅く、江戸時代のことといわれます。それも幕末に活躍した志士のひとり高杉晋作が使いはじめ、広まっていったという説もあります。

夫婦の間で呼び交わされる「あなた」「おまえ」も敬称です。「あなた」は、「あちらの方角」を指すもので、これもまた直接表現を避けたもの。「あちらにいる、遠く、高貴な人」というほどの意味です。そして「おまえ」は御前様が略されたもの。どちらも相手を思いやる言葉で、これも江戸時代あたりから使われてきたようです。「おまえ」という呼び名からは時代遅れの亭主関白を想像してしまいますが、実はしっかりとした敬称なのです。

言葉のしきたり

「お」と「ご」

敬語を使って話すときに迷いがちなのが、「お」と「ご」の使い分け。しかしこのふたつ、語源は同じなのです。

日本語では、ものを言い表したり状態を指し示すときに「お」という接頭語をつけて、ていねいさや尊敬の気持ちを込めます。お父さん、お母さん、お水、お花、お米、お名前、お金……。また動作にも取り入れられて、謙譲語や尊敬語をつくっています。お伝えします、お送りいたします、お願いいたします……誰もが日常的に使っていることでしょう。

もうひとつ接頭語には「ご」があります。ご挨拶、ご住所、ご祝儀、ご迷惑……こちらも私たちの暮らしの中に溶け込んでいます。

どちらも、そのもととなっているのは「御」という文字です。代表的な読み方である「おん」がなまって「お」に、「ぎょ」がなまって「ご」になったといわれています。

この字は、御する、つまり馬などをうまく制御し、操ることを指しています。御者という言葉もこ

知って楽しむしきたり

「お」と「ご」の使い分け

「お」と「ご」の使い分けは意外に難しいもの。一般的に「お」は和語、訓読みする言葉につけ、「ご」は漢語、音読みする言葉につけるといわれますが、例外もたくさんあります。外来語にはつけない、一文の中でいくつもの言葉につけないなどの不文律もあります。

このあたりはふだんの読書やコミュニケーションで身につけていくといいでしょう。

「お」がつく言葉

例：お米、お届け、お返し…

「ご」がつく言葉

例：ご確認、ご立派、ご注文…

例外

例：ごゆっくり（和語）、お食事（漢語）、お天気（漢語）…

こから来ています。これが転じて、人を統治していく人、世を治めていく人を表すようになっていったといわれます。

この「御」をさまざまな言葉につけて、ていねいな表現にすることが流行ったのは、室町時代のことだそうです。当初は宮中に仕える女性たちの間で使われていたもので、より優美な言葉遣いとされたのです。

「御」はまた、「み」とも読みます。こちらのほうが古い読み方のようです。敬語はいくつも重ねるほど良いという考えもあり「御御足」（おみあし）だとか「御御御つけ」（おみおつけ）なんて言葉も派生しました。

こうした言葉の使い方は、日本語特有のものだといわれます。

言葉のしきたり

敬語

年齢を問わず正しく使えるようにしておきたい敬語。相手を敬う気持ちがあれば、自ずと丁寧な言葉遣いになります。

どんな言語にも「敬語」はあるものですが、日本語はとりわけこの表現が豊富で、さまざまな感情を表すことができるといわれています。

日本語では敬語は大きく3つに分かれています。まず、相手そのものや行為に対しての敬意を表す「尊敬語」。「言う」という言葉の尊敬語は「おっしゃる」になります。「お」や「ご」を頭につけるのも尊敬語にあたります（↓P114）。

そして「謙譲語」は、自分がへりくだることで、相手の立場を持ち上げて敬うものです。「言う」は謙譲語だと「申す」「申し上げる」「申し上げます」となります。

最後に「丁寧語」は、言葉をやわらかく変化させるもの。「言う」は「言います」となります。丁寧語はふだん、もっともひんぱんに使う敬語かもしれません。

知って楽しむしきたり

手紙に使う言葉

手紙の頭語（書き出し）の「拝啓」とは、「謹んで申し上げます」の意味。結語（結び）の「敬具」は「謹んで申し上げました」で、これらも相手に対する敬意を表す言葉です。頭語「謹啓」↓結語「敬白」はさらにていねいな書き方。頭語「前略」↓結語「草々」は「走り書きで（慌しくて）申し訳ありません」の意、女性が使う結語「かしこ」は「かしこまり申し上げます」の意です。ひらがなはかつて女性言葉だった頃の名残とも言われます。「かしく」とも書き、

この3つの基本形から、さらに分岐・派生していった敬語ですが、そのルーツは神代の時代にまでさかのぼるという論があります。

古代の神社で、神さまを祀る神事が行なわれていたその舞台で使われていた呪文……つまり祝詞こそが、敬語のもとになっているという考えです。

畏れ多い神さまに対して呼びかけ、称え敬い、豊穣や平和を祈願するのですから、言葉もそれにふさわしい装飾や変化が必要だと考えられたのです。祝詞は宮中の言葉と交じり合い、やがて簡略化されて敬語となっていきます。

相手を敬うだけの表現はやがて洗練され、へりくだるという謙譲語の考えが出てきたのは平安時代といわれます。

言葉のしきたり

祝福の挨拶

挨拶はコミュニケーションの第一歩であり、なにより大切なもの。そしてそこにはさらに相手を想う意味が込められています。

これまでたびたび述べてきましたが、日本人は言葉に魂が宿ると考えてきた人々です。これを言霊といいます。お互いに良い意味の声をかけあうことで、相手にも幸せが訪れる、いいことがある……そう考えたのです。

だから日本人の挨拶それ自体が、祝福の言葉になっているのです。

1日のはじまりには「おはよう」と言いあいますが、これはよく知られている通り「お早くお起きになりまして、ご健康なことでおめでとうございます」の意味です。相手の幸福な1日をお祝いしているのです。

「こんにちは」は、「今日は良い日ですね」「今日はご機嫌いかがでしょうか」という日中の呼びかけのうち後半が略されていったもの。同様に「こんばんは」も「今晩は良い夜ですね」「今晩もなにごともなくお過ごしですね」という夜の挨拶から生まれました。

「ありがとう」は「有難う」と書きます。「有ることが難しい」わけですから、なかなかありえない幸運に恵まれたと、喜びを表現している言葉なのです。これほどめったにないことが起きるなんて、神さまのお力に違いない……そう使われていたものが、やがて人への感謝の言葉に転じていったのです。

「おかげさま」にも、目に見えない蔭で神さまや人々が助けてくれたに違いない、いま自分があるのは誰かのおかげ、という思いからきた挨拶です。

人や世界に対する思いやりや感謝が、日本人の挨拶には息づいているのです。

知って楽しむしきたり

こんにちわ？

「こんにちは」「こんにちわ」。いったいどちらが正しいのでしょう。それは「今日は良い日です……」と言葉を交わしたことがルーツなのですから、「は」を使うほうが正しいとされます。「こんばんは」も同様です。

ただ、見た目のバランスや「わ」が「和」に通じることから、誤用と知ってあえて「こんにちわ」を使う人もいます。

「こんにちは」

正しい表記
語源にのっとる書き方

「こんにちわ」

本来は誤った表記だが、
「わ」にやわらかい雰囲気がある

言葉のしきたり

食事時の挨拶

普段は深く意味を考えずに、自然と使っている言葉かもしれません。これを機にその意味を考えてみましょう。

食事の前の挨拶「いただきます」。手を合わせて、自らの命をつくってくれる食べものに感謝をする言葉ですが、その語源は「頂」にあるといわれています。

その昔、神さまにお供えしたものをもらうとき、あるいは高貴な人からなにかものを受け取るときには、それを頭の上に乗せて掲げる習慣がありました。頭の上、つまり頂です。このことから、食事をしたり、ものをもらうことの謙譲語として「いただく」という言葉が使われるようになったそうです。

これは、神さまや位の高い人への感謝の気持ちだけではありません。食卓にはたくさんの「命」が並んでいます。野菜や肉、魚、穀物……人工的につくられたものではなく、私たちと同じ命を持った生き物を食べて、誰もが生きているのです。だから、これから口にして、血肉となってくれる命に対して「いただきます」と手を合わせるのです。

そして食後の挨拶「ごちそうさまでした」にも、やはり大切な意味があります。これは漢字では「ご馳走様」と書きます。「馳走」とは、走りまわることを指しています。知人をもてなし、おいしいものを食べて楽しんでもらうには、ときには走りまわって準備することも必要でしょう。そしてひとつのお膳は、そのほかにもたくさんの人たちが走り回ったからこそ成り立つものなのです。

お米や野菜をつくる農家の人々、漁師、品物を取り引きする業者、八百屋や肉屋やスーパーマーケットの店頭で働く小売業、そして料理をつくってくれる人……。こうしておおぜいの人が「馳走」してくれたことに感謝をするために、食べ終わったあとには「ごちそうさまでした」と言うのです。

食事のときのこのふたつの言葉も、また日本語独特のもの。外国人にはなかなか理解ができないといいます。とはいえ日本でも、感謝の意味で広く使われていたとはいえ、食事の前に皆で「いただきます」と言う習慣ができたのは昭和になってからといわれています。近代化政策の中で学校給食が普及し、その場で広まっていったという説があります。やがて子どもたちは家庭でも言うようになり、いまに至っているのです。

作法のしきたり

もったいない

モノが豊富にあるこの時代、もったいないと感じることも少ないのかもしれません。言葉の意味を知ると感じ方も変わるはずです。

私たちが「もったいない」というとき、そこにはさまざまな意味が込められています。「まだ使えるのに、むだにしてしまった」「ものを粗末に扱ってしまい、罪悪感を覚える」「倹約しなくちゃならない」「私には分不相応です」……。

食事を残したり、ものを捨てたりするとき、その対象の背後にある自然そのものに対して不逞を働いていることで、居心地の悪さや申し訳なさを感じている……そんなところまで含めての「もったいない」ではないでしょうか。日本人の心情は常に、身のまわりの自然に向けられているのです。

「もったいない」は、漢字では「勿体ない」と書きます。「勿体」がない状態を表しているのですが、では「勿体」とはいったいなんでしょうか。

この言葉はもともと仏教用語で「ものの本質」「本来あるべき姿」「重要なところ」などという意味。

「物体」が略されたともいわれます。ここから転じて「重々しく立派な態度」「風格や品位があること」を指すようにもなっていきました。「もったいをつける」「もったいぶる」という言葉もあります。

そんな「勿体」が「ない」わけですから、「妥当ではない」「自然の姿ではない様子を嘆く」「粗末に扱われていて惜しい」という意味に展開されていき、いまに至っています。

つまり、単純に倹約や質素を心がけるというものではないのです。世界全体に対する「和」への思いが含まれています。

この「もったいない」は、ケニアの環境保護活動家で、ノーベル平和賞を受賞したワンガリ・マータイさんによって、世界にも広められました。Reduce（消費やゴミの削減）、Reuse（資源の再利用）、Recycle（再資源化）という環境活動の3Rに加え、地球に対するRespect（尊敬）を包含している、日本語にしかない言葉だと絶賛、環境を守る「MOTTAINAIキャンペーン」を世界的に展開しています。

その活動は崇高なものだと思いますが、「もったいない」本来の意味とは、ややズレがあるようにも感じてしまうのです。

作法のしきたり

しつけ

幼少期に身についたことは、大人になっても自然と行なえるもの。正しいしつけは子どもにとって重要です。

「しつけ」とは、各家庭で行なわれる、子どもに対する最初の教育です。どんなに豊かな家庭でも貧しい家庭でも、身分の差もいっさい関係なく、親は子どもを厳しくしつけるものでした。言葉の使い方、礼儀作法、社会でのふるまいかた、人として大事なこと、守るべきこと……。それは知識や技術とは違う、生き方の基本となる心構えです。

この言葉は、庶民の地道な暮らしの中から生まれました。「仕付」という漢字が当てられていたそうです。

例えば農作業では、畑に種をまいたり、田に稲を植えたりといったことを、作物の仕付といいました。命を育んでくれる作物を育てる、その最初の作業。それがどれだけ大事かは、人間の場合でも同じことでしょう。

学んで楽しむしきたり

「みっともない」

「みっともないことはやめなさい！」子どもを叱るときに親がよく言うセリフ。「みっともない」とは「見られたものではない」という意味です。誰が見ているかといえば、世間であり社会です。人の間で生きるのが人間である以上、恥ずかしい、見せられない行為は慎むべきというものなのです。それはどんな行為なのか、親に躾けられてきた人ならわかるはずです。

手洗いを教わる子ども

また着物を仕立てるときに、縫い目や折り目などがいびつにならないよう、型崩れしないように、目印のように縫いつけられた糸のことを、仕付糸といいます。ひとつの着物をつくっていくときの目安、道しるべでもあります。

この仕付糸は、着物ができあがって、実際に着る前に取るものです。これは、しっかりとしつけられた子どもが巣立っていく様子を表してもいるのです。

ものごとの基礎をつくっていく仕付。やがて子どもを教育することに対しては「躾」という文字があてられるようになります。社会の中で、「身」を「美」しく立てる、という意味です。

祝い事のしきたり

万歳

万歳は「ばんざい」と読みますが、漢字の読みは「まん」と「さい」。なぜ「ばんざい」になったのでしょう?

日本人はお祝いごとが大好きな人々です。お祭りやなにかの記念日だけでなく、さまざまな場面で喜びを表現してきました。結婚式、スポーツなどの大会で勝ったとき、入学や入社のお祝い、あるいは誰かの送別にあたって、門出を祝い……。

そんなときに、よく見られるもののひとつが「バンザイ」です。みんなで両手を挙げて「バンザーイ!」と叫び、喜ぶ一体感は、日本独特のもの……とも思われますが、実は中国に源流があります。「バンザイ」とは漢字だと「万歳」と書きますが、それはそのまま「万の歳」を意味しています。古代中国で、皇帝が万年も長生きするようにという願いを込めて「千秋万歳」と祝ったそうですが、ここから取ったものなのです。かの司馬遷が紀元前1世紀に編纂したという歴史書『史記』にも、たびたび「万歳」という言葉が登場しています。このときからすでに、皇帝の長寿祈願というだけでなく、広くお祝いの気持ちを表す言葉として使われていたことが記されています。

中国の文化や考え方が、同じ漢字文化圏にも伝わっていったのが古代から中世にかけての時代。「万歳」もまた、当時は漢字を使っていたベトナムや、朝鮮半島、そして日本にも広まっていきます。ただ日本ではまだ「まんざい」と読んでいました。

それが「バンザイ」と読み、快哉《かいさい》するようになったのは、明治時代のこと。1889（明治22）年2月11日でした。この日は、大日本帝国憲法が発布される記念日だったのです。これを祝う行事にあたり、明治天皇にかける祝いの声として「万歳」が選ばれました。ただ「まんざい」では力強さに欠けるとして、漢音の「ばん」をあてて、バンザイとしたのです。これを3度、叫んだことから「万歳三唱」の習慣が広まったそうです。

こうした経緯から、一般参賀など天皇の祝賀行事のときに万歳三唱する習慣ができました。そんな政治的側面もあって、現在でも例えば選挙の当選のときや、あるいは衆議院の解散のときなどにも、万歳三唱をするようになりました。これがいつのまにか、一般層にも伝わり、いまに至っているのです。

祝い事のしきたり

胴上げ

一度はされる立場になってみたいと思うのが胴上げかもしれません。もともとは儀式の一環だったそうです。

お祝いの表現といえば、胴上げもおなじみの光景です。野球などのプロスポーツで、優勝したときや、偉大な選手の引退のときなどには、必ず胴上げが行なわれるものです。一般的にも、入学試験に合格した人や、結婚式で新郎を胴上げすることがあります。

その起源には諸説ありますが、長野県の古刹・善光寺が発祥ではないか、ともいわれています。善光寺では毎年12月になると、年越しのさまざまな儀式が執り行われていきます。これを取りしきっていくのが、堂童子《どうどうじ》という役の僧侶です。一連の儀式では、12月の2番目の申の日に催される御越年式《ごえつねんしき》で、年越し行事でもとくに重要と言われています。

夜を徹して行なわれる法要や、魔除けの儀、本尊へのお供え、祝いの膳などのあとに、堂童子渡しの儀となります。これは、堂童子の役目を、次の僧侶に引き継ぐというものです。そして最後に、堂童子の胴上げがはじまります。「わいしょ、わいしょ」のかけ声のもと、堂童子は天高く打ち上げられていきます。

　このとき、堂童子がその身体を地面につけないことが、なにより大切なのです。地面に足をつけていない状態は、つまりこの世のものではない、神聖な存在であることを表しています。これは、やはり祝いのときに行なわれることのある肩車にも共通した考えであるようです。そして胴上げされる者の穢れを祓うという意味もあるのだとか。

　また新潟県では、厄年の男性や前年に結婚した男性を胴上げする風習があります。

　胴上げとはもともと、神事の要素を持った祝福であり、お祓いなのです。

知って楽しむしきたり

拍手

日本では、拍手は神を呼ぶ行為であり、高貴な人への挨拶でもありました。そして『古事記』の国譲り神話の中に、同意を求められた際に拍手で応じたという一節があります。拍手とは場の合意なのです。現在でも、大事な祝いの場や宴席は手を打って締められます。一本締めや三本締め……まさに「手打ち」です。代表的な例が証券取引所の大発会でしょう。

大発会の様子（画像提供：毎日新聞社）

作法のしきたり

正座

椅子での生活に慣れた現代では正座に慣れない人も多いでしょうが、実は正式な作法になったのはわりと最近なのです。

ひざをそろえて折り曲げ、その上にお尻を乗せて座る……これを「屈膝座法」といいます。日本人がかしこまるとき、姿勢を正し礼を大事にするときの座り方で、いわゆる「正座」です。日本人独特の、伝統的な座り方のように考えられていますが、正座が広まったのは意外に近年で、江戸時代のことではないか、といわれています。

それ以前、一般的だったのは「あぐら」でした。あるいは片ひざを立てる座り方。いまではなんとなく失礼さを感じてしまうスタイルですが、当時はそれでよかったのです。正座は神さまに祈るときなどに用いられた、特殊な座り方でした。「かしこまる」「つくぼう」などと呼ばれていたそうです。しかし、日常生活はあぐらがふつうで、その時代の生活着であった袴や、十二単などがゆったりとつくられているのも、あぐらや立てひざで座ることを考えられていたからだといいます。

変化をもたらしたのは、室町時代に戦国武将たちの間で流行した茶道でした。茶の世界とより深く対峙するという意味もあり、茶室は意図的に小さくつくられているものです。そこに男たちが何人も入り込んでみれば、当然きゅうくつです。そこで茶室では、よりスペースを取るあぐらではなく、正座で座るようになったのです。

正座にはもうひとつ、意味が込められていました。あぐらや立てひざよりも、正座は立ち上がるためにいくらか手間を要します。それが相手に対して敵意のないことを示す座り方だと考えられたのです。

正座は茶室の作法というだけでなく、やがて食事のときの正しい座り方として、武家から一般層へと広まっていきます。この時期、畳が普及していったことも影響していたようです（↓P140）。板張りでは正座はひざが痛くなってしまいますが、やわらかい畳なら問題はありません。

もうひとつ説があります。江戸時代、参勤交代のために全国から大名が江戸にやってくるようになりますが、彼らが将軍と拝謁するときに、正座をすることが義務づけられたというものです。この慣習を、大名たちは自分の故郷に持ち帰り、そこで広まっていったといわれます。

いずれにせよ明治時代の修身教育で、正しい座り方として定義され、いまに至っています。

作法のしきたり

上座と下座

社会人になり直面するマナー。ひとつ間違えれば大変な失礼にあたるため、ぜひ知っておきたいものです。

お客さまや上司と一緒にどこかお座敷に入ったとき、日本人ならとっさに意識することがあります。「どこが上座で、どこが下座なんだろう」。目上の人をしかるべき場所に案内し、自分は下座に座る。でないと、なんとなく落ち着かないものではないでしょうか。相手を敬い、自らの立場を弁えてふるまうことは、日本人の暮らしの基本だからです。

この考えのもとになっているといわれているのは、日常や冠婚葬祭、儀式まで、さまざまな場面での礼儀を解説した『礼記《らいき》』です。はるか2000年以上前、中国の前漢時代に成立した書物です。その中に「左側が上座である」という記述があるのです。

なぜ左なのかといえば、それは心臓のある位置だから。また北を背にしたとき、太陽が昇ってくる東は左であり、やはり左側が尊ばれるようになります。ここから「左上右下」という考え方が生まれました。並んで座るときは、左側が上座なのです。

またお客さまにお茶やお菓子などをすすめるときは、右側から、つまり下座から差し出すこともマナーです。

和室の場合は、床の間にいちばん近い席が上座になります。床の間とはもともと、僧侶が仏画や花を飾って、祈るための空間でした。だから床の間を背にした場所が上座になるのです。

そして出入り口に近いほうが下座です。床の間がない部屋や、洋室の場合でも、出入り口からもっとも遠い場所が上座ということになります。

また部屋によっては、庭などの眺望がいいところが上座になることもあります。自分が座るべき場所を、ぱっと把握できるようになりたいものです。

知って楽しむしきたり

日常の上座と下座

タクシーの場合、運転席の後ろが上座です。これは万が一に事故が起きた場合、もっとも安全だからなのだとか。次に助手席の後ろ、後部中央、そして助手席と続きます。列車や飛行機では窓際が上座。

エレベーターでもやはり入口から遠いほうが上座、操作盤の前が下座です。目上の人が先に乗り、下座の人が最後に乗り込んでドアや階数の操作をします。

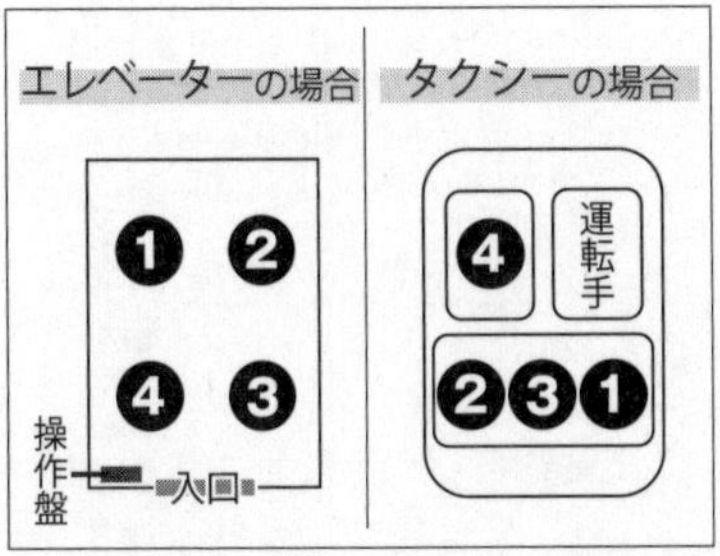

作法のしきたり

右と左

「茶碗を持つ手が左、箸を持つ手が右」という表現もあるように、配膳はご飯が左。では、その理由とは？

どこが上座か下座（↓P132）か。それは部屋の配置のほかに「左右」によって決まってきます。心臓がある左側、北を背にすると太陽が昇る左側が、より上位とする考えがあるのです。

この左上位は政治の世界でも見られました。朝廷の高級官職である太政官も、右大臣より左大臣のほうが上と位置づけられていました。

また和食の配置も同様です。ご飯茶碗は自分から見て左に置くものです。右側には味噌汁などの汁ものでしょう。日本人の主食であり、さまざまな文化を生んできたお米をより大切にしなくてはならないという考えから、格上である左側に配膳するのです。

加えて、右利きであればこのほうが食べやすいことはいうまでもありません。左手で茶碗を持って、右手の箸を使う。それが正しい和食の姿です。なお左利きでも配置は変わりません。逆向きに並べるのは死者の膳だけです。左利きの人も食事のときだけは右手で箸を扱えるようにしつけられるものです。

ご飯茶碗だけでなく、魚も頭のほうを左に持ってきて食卓に並べます。尾ひれが左側にあれば、きっと違和感を覚えるでしょう。

武家社会でも左側が優先されました。江戸時代の武士たちは、通りの左側を歩いたのです。なぜなら左の腰には刀を差していたからです。もし右側通行だったら、狭い道をすれちがうときに刀同士がぶつかってしまいます。これは武士にとっては失礼なことに当たりました。そこで自然発生的に、左側を歩く習慣ができて、定着していったようです。いまの日本も自動車は左側通行ですが、これがルーツだという説もあるのだとか。

また、ドラマなどでよく武将が盃を手にお酒を飲んでいるシーンが出てきます。これをよく見ると、ほとんどが左手で盃を持っているのです。というのも、お酒を楽しんでいるときも常在戦場が武士の心得。いざなにかあったときにすばやく刀を抜けるように、右手は空けておくものでした。現在、お酒が大好きな人のことを左党といいますが、この盃の持ち方に由来があるのです。

こうして左が優先されることの多い日本社会ですが、右が上位のものもあります。和服の身だしなみです。相手から見て左側のえりを上にして着ることを左前といって、非常に良くないものとされているのです。和服を着る機会が少なくなった現在では、間違ってしまう人もいるようです。通常は右前です。

どうしてNGなのかといえば、左前は死装束だからです。死者にはこの世とは反対の姿をさせて、あの世に送り出すしきたりです。だから生きている人間は右前で着るものとされました。

ではなぜ、右前が生者のものとなったのか。古墳時代の埴輪を見ると、右前も左前も入り混じっています。服装のタブーはなかったようです。その後の奈良時代に、中国から入ってきた概念と考えられています。中国の歴代王朝は、北方からたびたび攻め入ってくる匈奴のような異民族に悩まされていました。そのため、万里の長城を築いたのです。

彼ら北方の異民族は、おもに狩猟によって生活の糧を得ていました。草原を駆ける獲物を仕留めるため、弓を巧みに使ったのです。衣服を着るときに右を前にして合わせると、矢を発射するときに引っかかる可能性があります。そこで左を前にして着用しました。つまり中国の人々にとって左前とは忌むべき存在のイメージなのです。

さまざまな歴史を背景に右と左の位置が決まってきました。TPOをわきまえて、正しい作法で行動したいものです。

知って楽しむしきたり

浴衣の歴史

女湯を描いた錦絵（「女湯図」鳥居清長、1787年）

いまの時代、いちばん身近な和服といえば、浴衣かもしれません。浴衣を着て歩く姿は夏の風物詩です。夏の季語でもあります。浴衣ももちろん、右前で着ることが常識ですので間違えないようにしましょう。

浴衣は平安時代に生まれた着物です。その名前の通り、入浴時に着るものでした。当時は、お風呂といえば寺院などに設置された公衆浴場（↓P181）。いまでいう銭湯のさきがけです。そこでは男女一緒に入ることもあったので、服を着ました。湯《ゆ》帷子《かたびら》という、白い薄着です。これが浴衣の原型なのです。

江戸時代に裸で入浴するようになると、湯帷子は風呂上りにはおって汗を吸い取る、いわばバスローブのような使い方をされるようになります。やがてその姿のまま出かけることも一般化し、夏のおしゃれ着としても発展してきました。あくまでリラックスする服なので、公的な場で着るものではありません。

作法のしきたり

水引

水引というひもで飾りつけがなくても実物を見ればわかるはず。ここにも明確なマナーがあります。

なにかお祝いごとがあると、私たちはご祝儀袋を用意します。これは、水引というひもで飾りつける慣わしです。水引は和紙からつくられていて、のりで固めたものです。ここに金や銀など色とりどりの薄紙を巻きます。

どうして贈り物を水引で巻くのでしょうか。諸説ありますが、これは「注連縄」と同じだという考え方もあるようです。神社などで聖域を区別する注連縄のように、贈り物を、またそれを送る相手を災厄から守るものなのです。結界の一種といえるかもしれません。

また、7世紀初頭に遣隋使として中国に派遣された、かの小野妹子がルーツという話もあります。彼が帰国したときに、同道してきた隋の使者が持っていた贈り物が、紅白の紐で飾られていたというものです。これを見習い、贈り物を紐で結んで飾る風習ができたのだとか。

贈って楽しむしきたり

熨斗《のし》

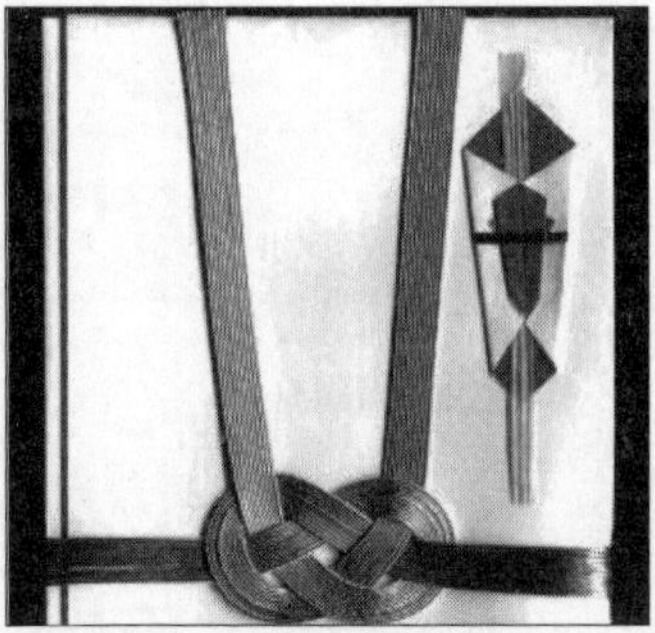

慶事のご祝儀袋を飾る「熨斗《のし》」ですが、これはもともと「のしあわび」でした。薄く切ったあわびを乾燥させたもので、お供えものとして使われてきました。長寿のシンボルでもあり、いまも伝統的な結納の品のひとつです。これが簡略化され、いまでは紙製の熨斗がご祝儀袋の右側につけられています。印刷されただけの簡素なものもあります。

水引の結び方にもいろいろありますが、代表的なものは2種類。見た目から「蝶結び」や「花結び」と呼ばれる結び方は、かんたんにほどけるもの。つまり何度も結びなおせることから、何度あっても良いお祝いごとに使われます。出産やお礼などです。

「結びきり」「あわび結び」は、一度結んだらほどけないもので、結婚や快癒祝いなど、2度は繰り返さなくていいときに用います。

水引は葬儀などの不祝儀袋にもかけられますが、弔事も「結びきり」「あわび結び」になります。

色合いも大事で、お祝いごとには紅白、結婚式は金銀、そして弔事では白黒や白一色が使われます。

作法のしきたり

畳と敷居

畳がある家も少なくなっているでしょうが、作法として和室でのマナーを身につけておく必要があります。

畳は日本独特の敷物です。一般的には、わらを重ねてつくった畳床《たたみどこ》に、いぐさで編んだ畳表《たたみおもて》をつけたもの。四方の辺には、装飾と縫製を兼ねて畳縁を施します。

原始的な畳は、草やわらを編んだだけの簡素なものでした。厚さはなく横になれば身体は痛かったでしょうが、そのぶんかんたんに折り「畳めて」持ち運べる利点はありました。これを語源として、「畳」と呼ばれるようになっていったようです。

やがて平安時代になると、製法の技術も上がり、現在の畳に近いものがつくられるようになっていきます。それでもいまと違って、座る場所だけに広げてマットやクッション感覚で使っていたそうです。

部屋いっぱいに敷き詰めるようになるのは、室町時代に入って、武家の間で「書院造」という建築様式が普及してからのこと。書斎兼居間を中心としたつくりで、襖や障子で細かく間仕切りをしていた点が特徴ですが、こうして分けられた部屋には畳が敷かれるようになったのです。加えて、茶道の普及も大きく影響しました。茶室には畳が敷かれることが多かったのです。茶道とともに、礼儀としての正座（↓P130）が大事にされるようになり、柔らかく座りやすい畳はこれに合うものとして好まれました。

こうして日本人の暮らしの中に溶け込んでいった畳ですが、その普及はひとつの考え方につながっていきました。

子どもの頃に「畳のふちを踏んではいけない」「畳のふちを踏むと罰が当たる」などと言われたことがないでしょうか。

日本人はもとから、聖域を注連縄でくくって区別したり、神籬《ひもろぎ》を立ててそこを神さまの宿る依代としたり、区切ることに大きな意味を見出してきた人々です。橋を、あの世とこの世との境界線に見立てる考えも古くからあります。そして畳も同様でした。

家の中を区切る畳は、主人と家人、あるいは客との座る場所を区別する境目でもあったのです。これは茶道ではとりわけ重視され、客と主人の位置はきっちりと分けられていました。畳のふちはその目印でもあったので、踏むことは憚られました。

それに畳縁には、紋縁《もんべり》といわれる家紋を編みこんだものもあり、これは武家や商家で好まれました。家紋が入っているわけですから、踏めばもちろん失礼に当たります。

加えて実用的な意味もありました。ふちは畳の構造をまとめている場所でもあるため、傷みやすいのです。少しでも大事に使わなくては、という発想から、畳のふちを踏むことを戒めたのです。

もうひとつ、家の中で踏んではいけない場所……それが敷居です。これは境目そのものです。部屋と部屋を区切るだけでなく、家の外を内とをわけてもいます。だから家そのもの、あるいは家の主人を表す場所であるとも考えられました。敷居を踏む行為は、紋縁を踏むことと同じで、主人や家の先祖をも侮辱するものなのです。敷居はすなわち家であり、失礼なくその家に入ることを「敷居をまたぐ」というわけです。

敷居や畳を境界として、あっちとこっちは違う世界。内と外、聖と俗など、日本人は一線を引いて世界を区別してきました。そして、そこを越えていくときには、ひとつ緊張をして、気構えをしたのです。知人の家、会社、取引先……いくつもの境界を越えていく現代の生活でも、「越境」のときにはちょっとだけ心を落ちつけて身を整える。そんなことも大切だと教えてくれているのかもしれません。

学んで楽しむしきたり

和室での作法

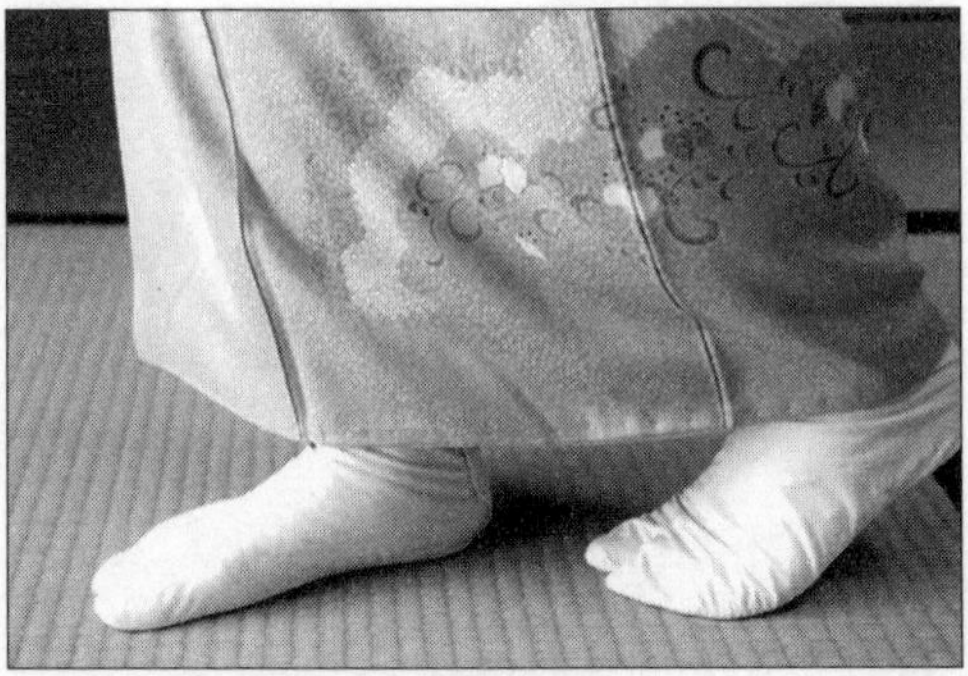

和室では一歩を小さく歩くのがマナー

畳の敷かれた和室ではいくつか身につけておきたいふるまいがあります。まず襖を開けるときには、その前に正座で座ります。引き手に右手をかけてわずかに襖を開き、その手を下方に滑らせてさらに大きく開ける。最後に左手に替えて押し開けて部屋に入る……という3段階にわけるのが作法です。この「間」は、心の準備をするにも役立ちます。

　畳の上では、大きな音を立てず、あまり足を上げずに歩くといいでしょう。そして挨拶は、立ったままではなく、座ってから行なうのが和のマナーです。座っている人々と同じ視線にならないと礼を失することになります。

　その後に座布団を出された場合は使わせていただきますが、決して踏みつけないように。ひざを使って上に移動していくものです。また座布団には前後があるので注意をしましょう。四辺のうち縫い目のない一辺が前になります。

作法のしきたり

義理

「義理人情に厚い人」という表現がありますが、「義理」の意味をうまく説明できますか？

日本人が大切にしてきたモラルのひとつに「義理」があります。これは日本人のほとんどがかつて所属していた、農村社会の中で生きていくための規範でもありました。

農作業や、村全体で行なわれる祭りなどの年中行事、冠婚葬祭、日々のつきあい……こんなひとつひとつに顔を出し、お互いに協力し、個ではなく家として、共同体として生活にあたっていく。科学技術が進んでおらず、個人では暮らしていけなかった時代、人々は力を合わせて生きていく必要があったのです。

もとになっているのは儒教の教えです。かつて孔子は、人の世で生きていくにあたり、大切にしなくてはならない5つの考えがあると諭されました。それが、仁・義・礼・智・信の五常（あるいは五徳）です。

贈って楽しむしきたり

義理チョコ

贈るほうも贈られるほうも、なんだかなあ、という気がしないでもない「義理チョコ」。製菓会社のキャンペーンに乗るのも疲れ、職場で気を使いたくもなく、禁止にする会社も増えています。それでも、人間関係の潤滑油、ちょっとしたコミュニケーションのきっかけと思えば、こんなイベントを利用してみるのもいいかもしれません。

義理チョコの定番・板チョコ（© Graphs ／ PIXTA）

義とは、人が守るべき道理のこと。自らの利害利益ではなく、人のために尽くせる心。こんな考え方が、海を越えて日本に入ってきたのです。そして農村の共同体と結びついていき、義理という概念になっていきました。

現在では「やりたくはないけれど世間体もあるので仕方なく」といった意味でも使われています。昔ながらの共同体社会が崩壊しつつあるからです。ですが義理というと大仰なのかもしれません。本来は、ご近所だとか親戚、友人に対するちょっとした気づかいや親切を大事にする心が「義」ではないでしょうか。昔のような強固なおつきあいでなくても、お互いにささやかに気を使い合うことで、きっとより居心地のいい環境になるはずです。

第5章

しきたりと共にある身近なもの

食べ物のしきたり

お茶

茶道というたしなみがあるように、日本人とお茶は切り離せないものです。そのルーツを見ていきましょう。

日本人の国民的飲料ともいえる、お茶。私たちはおもに緑茶を飲んでいますが、烏龍茶や紅茶などを飲む国も多く、世界各地で愛好、栽培されています。原産は中国といわれ、紀元前2世紀の書物にはすでに記述が見られます。

日本にお茶が伝わったのは平安時代のことといわれます。9世紀初頭、遣唐使の一行の中には仏教を学ぶために留学に赴く、空海や最澄の姿がありました。彼らは帰国時に、大陸の妙薬としてお茶をお土産にしたのです。

鎌倉時代には、臨済宗を開いた栄西が、当時の宋からお茶の種を持ち帰ってきます。これを日本各地に植え、お茶の本格的な栽培がはじまったのです。その場所のひとつが、宇治だと伝えられています。栄西はまた、日本初のお茶に関する書籍『喫茶養生記』を発表し、お茶の効能や製法について記

飲んで楽しむしきたり

身体に良い飲み方

お茶が古くから薬として親しまれてきたのは、カテキンなどの物質が免疫力の上昇や、殺菌作用、コレステロール値や血圧の低下などに効くからです。しかしまた「宵越しの茶は飲むな」ということわざがありますが、淹れてから時間の経った茶葉は、逆に消化不良や食中毒の原因になることがあります。いつも新鮮なお茶を飲めば、健康増進につながるのです。

しています。

こうしてお茶は日本中に広まっていきました。喉を潤すため、気持ちをほぐすため、また薬用として、ときには濃厚に煮出して眠気覚ましにも用いられました。

やがて室町時代に入ると、茶道が好まれるようになります。お茶を嗜むという時間・空間の中で、調和や風雅を追求するひとつの芸術として昇華していくのです。この世界を完成させたのは千利休といわれます。私たちにとっては、いまの日本人にも通じる礼儀や作法、和のさまざまなしきたりが、茶道を通じて生まれたことが大事かもしれません。

人をほっと和ませる、お茶のひとときは、暮らしの中で忘れたくないものです。

食べ物のしきたり

和菓子

緑茶に合うのはやはり和菓子。見た目の美しさも私たちを楽しませてくれます。

デパ地下や洋食店、和菓子屋、街のコンビニに至るまで、私たちはいま本当に多種多様なスイーツに囲まれています。和洋さまざまで、味のレベルは年々、確実に上がっており、やみつきになっている人もきっと多いことでしょう。

そんなスイーツの原型は、野山になる果物だったといわれています。文明のあけぼの、ようやく穀物の栽培が始まったころのこと。日本人は稲や粟《あわ》をつくり、獣や魚を追う、シンプルな食生活を送っていたと考えられています。そんな暮らしの中、自然になった果物や木の実を口にしたとき、その甘さにきっと驚き、感動したことでしょう。桃や栗、柿、苺……。砂糖というものがなく、調理の技術もまだまだ発達していなかった時代、甘みは人類を魅了する味覚だったのです。

野生の果物を食べることは、間食のはじまりでもあったでしょう。生きるだけで精いっぱいだった時代にも、人々はより甘やかなものを求めたのです。いまでも果物のことを「水菓子」と表現するのは、その名残りではないかと思われています。

やがて日本人は加工技術の進歩から、穀物や、どんぐりなどの木の実を粉にして丸めて、団子や餅をつくるようになります。これらは日本初の加工食品でもありました。

さらに甘葛《あまづら》というツタを煮込んだものから甘い汁を取り出し、使うようになります。また発芽させたお米からデンプンを糖化させて甘味をつくりだします。日本最古の「飴」といわれ、『日本書紀』にも記述が見られます。

苦心して「甘み」を求めた日本人は、遣隋使や遣唐使でさまざまな技術を得ることになります。704年に遣唐使で中国に渡った貴族、粟田真人《あわたのまひと》は、帰国時に唐の菓子をたくさん持ち帰ってきました。これらは唐菓物《からくだもの》と呼ばれ、その中にはいまでも食べられているちまきやおこし、そして煎餅《せんべい》の原型ともいえるものもあったのです。

中国からもたらされたのは菓子だけではありませんでした。砂糖も輸入されてきたのです。時代が進むにつれて製糖の技術も磨かれ、日本独自の発想も加わり、「和のスイーツ」は発展を見せていきます。

鎌倉時代以降は、お茶（↓Ｐ１４８）が普及していきます。その渋みと深みとを、一緒に楽しめる菓子がつくられるようになっていったのです。「喫茶」という文化のはじまりでした。代表的なものが、羊羹《ようかん》でしょう。その名前の通り、もともと羊の肉と黒砂糖を使った料理でした。日本では羊がいなかったため、かわりに小豆などを使ってつくられました。

大航海時代になると、ポルトガルやスペイン、オランダといったヨーロッパの国々から、洋菓子が入ってくるようになります。南蛮菓子と呼ばれた、カステラ、ボーロ、金平糖、ビスケットなど、日本にはないレシピも、日本人はどんどん取り入れていきます。

江戸時代も後期になると、和洋中のエッセンスが見事に融合し、いま私たちが楽しんでいる和菓子が生まれたのです。

和菓子には、日本らしい四季のうつろいが込められています。桜のころ、月見、紅葉……それにふさわしい色合いや、旬のものを使った菓子が街を彩ります。

たとえば、お彼岸のお供えものである、おはぎもぼたもちも、同じ食べものです。しかし、春のお彼岸のころに咲く牡丹から「牡丹餅（ぼたもち）」、秋のお彼岸のときは萩の季節ですから「お萩（おはぎ）」と呼びわけるのです。

おいしさとともに、風流もいただく。それが、日本のスイーツなのです。

食べて楽しむしきたり

あぶり餅と日本最古の和菓子屋

一文字屋和輔のあぶり餅

日本最古の和菓子のひとつともいわれているもの。それが「あぶり餅」です。きな粉をまぶした親指くらいの大きさの餅を竹串に刺して、炭火で焼き、白味噌をまぶした団子のようなお菓子で、甘さと焦げ目の香ばしさがたまりません。

このあぶり餅の元祖といわれている店が、京都市北区の今宮神社そばにある「一文字屋《いちもんじや》和輔《わすけ》」です。疫病を退散させようと建立された今宮神社ですが、そこで参拝者にふるまったことが起源といわれます。それがなんと、平安時代の西暦1000年のこと。その後、1000年以上にわたって営業しているという、日本最古の和菓子屋なのです。創業の経緯から、食べれば無病息災のご利益があるとか。1000年も守られてきた餅は、いったいどんな味がするでしょうか。

このお店の前にある「かざりや」も、やはりあぶり餅の老舗で、こちらは創業400年です。

食べ物のしきたり

おにぎり

白ご飯よりおにぎりのほうが好きという人もいるでしょう。簡単な食べものですが、実は古い歴史がありました。

お弁当の定番、おにぎり。お母さんが毎日のようにつくってくれたもの、コンビニでの日常食、遠足の思い出……日本人にとって、おにぎりはまさにソウルフードといえるのです。

その起源は、弥生時代にまでさかのぼるといわれます。石川県のチャノバタケ遺跡からは、弥生時代中後期の住居の跡や当時の生活用具などが発掘されましたが、その中に炭化したお米のかたまりもありました。詳しく調べてみると、人の手によって握られたものだとわかったのです。これが日本初のおにぎりだといわれています。稲作が始まったばかりの弥生の頃からすでに、日本人はおにぎりを食べてきたのです。

おにぎりが文献に登場してくるのは平安時代のこと。その当時は「屯食《とんじき》」とか「包飯《つつみめし》」という名で呼ばれています。当時の貴族たちが、儀式や宴会のときなどに庭先に台をめぐらせ、その上にこの屯食を乗せて、下々の者たちにふるまったそうです。お米を握って、丸く卵のような形にしていました。ただ、1合半ものお米を使っていたというから、その大きさはかなりのものでした。

同じスタイルの丸いおにぎりを、行軍のときの携行食としていたのが旧日本軍です。やはり大きなおにぎりを各自が持っていました。

その頃は、たんに握るか、あるいは焼くかするだけで、現代のように海苔を巻くものではありませんでした。というのも、海苔は製法がまだ確立していなかったからです。江戸時代には浅草で海苔の養殖が進み、浅草海苔として名物になりますが、これも手間と時間がかかり、しかも収穫は安定しませんでした。

そのため高価なもので、とてもおにぎりに巻いて日常的に食べるものではなかったのです。いまでも贈答品として海苔が代表選手なのは、こんなところに理由があるようです。

海苔の安定生産に大きく貢献したのは、実は日本人ではありません。イギリスの女性藻類学者ドリュー＝ベーカーが、海苔の生態を解明し、うまく養殖する方法を考えだしたのです。彼女はこのことを、日本の学者に伝えました。１９４７年でした。それは第2次世界大戦が終結して、たった2年後のこと。敗戦後の日本が食糧難にあえいでいることを知ったドリューは、少しでも食料増産の助けになればと、かつての敵国に養殖の技術を授けてくれたのです。

これがきっかけで、1960年頃から、日本では海苔が一般的な食材となっていきました。独特の風味がお米に合うこと、海苔が巻いてあればご飯粒が手にくっつかないこともあって、おにぎりには欠かせない存在となり、いまに至っています。

ところで、屯食の頃は丸かったおにぎりですが、なぜいまは三角形が多いのでしょうか。これには諸説あります。

まず、山を模したというもの。古来の日本人にとって、山は神さまそのものでした。神社とはもともと山を祀ったものだともいわれます。そんな山に見立ててお米を握り、神さまにあやかろうとした……だから三角形であり、この形状のものは「神さまの力が身体の中で結ばれる」の意から、「おむすび」と呼ばれるようになったのだとか。「おにぎり」のほうはもちろん、「握り飯」から来ています。

だから「おにぎり」という場合はどんな形でもいいけれど、おむすびというなら三角形であるべし、というお話なのですが、呼び方は単なる地域差だとも。おむすびと呼ぶのは関東や東海地方で、あとはおにぎりが一般的ですが、そこに大きな意味はないという意見もあります。

童話がもとである、という説もあります。明治維新ではさまざまなものや考え方が改められ、一新されましたが、そのひとつが教育です。小学生が学ぶ新しい国定教科書には、童話「さるかに合戦」が収録されていましたが、そのイラストの中に描かれたおにぎりが三角形だったことで、日本中に広まっていったのだとか。

参加して楽しむしきたり

ドリュー祭り

海苔の名産地のひとつである有明海。そのほとりの熊本県宇土《うと》市に建つ住吉神社では、毎年4月14日にドリュー祭りが開かれます。海苔の養殖に道筋をつけた彼女の功績を称えるものです。神社には養殖業者たちの寄付によって建造された記念碑も建っています。外国人を祀る珍しいお祭り、おにぎりや海苔が好きな人なら行ってみるときっと楽しいでしょう。

ドリュー女史（1901-1957）

単純に「三角形のほうが食べやすいからだ」という説がもっとも説得力があるようにも思います。それにおにぎりといえば、軍の糧食から遠足のお供にいたるまで、携行食として親しまれてきました。ボールのようなまん丸いものよりも、三角形を組み合わせてパッキングしたほうが、はるかに持ちやすくかさばらないのは当然です。

コンビニなどの食品工場では、型を使っておにぎりを大量生産していきますが、これもやはり三角形のほうが効率が良い。このあたりにも理由がありそうです。

食べ物のしきたり

寿司

日本食の代表格、寿司。江戸時代発祥ともいわれますが、さかのぼるとさらに深いルーツにたどり着きます。

寿司は、私たちの食生活にすっかり浸透した、日常的な食べものとなりました。高級なお店に行かなくても、気軽な回転寿司はあるし、スーパーやコンビニでもパック寿司がたくさん売られています。身近な料理というだけでなく、いまでは外国人にも好まれ、海外の日本食レストランでも定番となっています。

そんな寿司はいったいどこで生まれたのか。ルーツは中国南部やインドシナ半島のあたりではないかといわれています。この地域は山深く、海から遠く、動物性タンパク質の摂取は、おもに川魚に頼っていました。しかし、川魚は足が早い。すぐに悪くなり、食べられなくなってしまいます。また季節や天候にも左右され、安定した食料源とするには難しかったのです。古代の人々にとって、食料の長期保存は大きな課題でした。

そこで「発酵」という手段が考え出されたのです。インドシナ半島は「稲作の発祥の地」ともいわれ、古くからお米がさかんにつくられてきました。このお米に、野菜や魚、あるいは肉などを混ぜて漬け込み、重石をして、待つこと数日、ときには数か月。こうすることで発生する乳酸菌の働きによってph値が下がり、雑菌が繁殖しにくくなります。これで食料の長期保存、備蓄が可能になる……。また発酵させることで旨味が増し、おいしくなる効果もありました。

こうしてさまざまな魚を漬け込んで発酵させ、保存食とする技術が、中国を経由して日本にもたらされたのは奈良時代のこと。この頃は発酵が済んでから、魚だけを取り出し、食べていたようです。漬物感覚でしょうか。これが、いまでも広く食べられている「なれずし」の源流なのです。

発酵食品が生みだされた当初、なれずしなどは特別なぜいたく品でもありました。だから神事の際にお供えする、神饌としても使われてきました。その名残りを、滋賀県栗東《りっとう》市の三輪《みわ》神社に見ることができます。ここでは毎年5月のお祭りのときに、日本でただひとつという「ドジョウのなれずし」がつくられ、神前に供えられるのです。

また、なれずしは年貢でもありました。718年に成立した法令集『養老令』や、927年成立の『延喜式』の中には、あわびやフナ、鮎、鮭などでつくったなれずしによって納税される記述があります。

鎌倉時代あたりから、なれずしやお米が普及するようになると「熟成まで何か月も待てない」という人も増えてきます。そんな需要に応えたのが「生成《なまなれ》」でした。完全には発酵しきっておらず、独特の酸味がややにじんできたあたりで食べるのです。食料の保存や備蓄をそう考えなくてもよくなった、いくらか余裕の出てきた時代を表してもいるようです。生成はまた、お米と一緒に食べることも特徴でした。これが握り鮨の原点です。

江戸時代に入ると、流通網の発達で新鮮な魚が手に入るようになります。そして酢によって、発酵したときのような旨味や酸味をつける技術も確立。これによって、発酵を経ずに酢飯に生魚を乗せるだけの鮨が、大流行したのです。川魚だけでなく海の幸もふんだんに使い、やはり大量生産されるようになった醤油につける、現代の鮨がほぼ完成しました。

この頃の鮨は屋台で食べるもので、まさに庶民の味。そのほかに、稲荷鮨、巻き鮨、ちらし鮨などが次々と登場し、まさに鮨文化が花開いたのです。

この時期になって「寿司」と表記されるようにもなりますが、これは縁起かつぎの当て字です。ちなみに鮨とは発酵させた魚の意。もうひとつ「鮓」と表記することもありましたが、これは薄く切った魚のことです。

食べて楽しむしきたり

鮒寿司《ふなずし》

鮒寿司（©Yasuo Kida）

寿司のルーツともいえるなれずしの中でも、代表的といわれるものが鮒寿司でしょう。この名産地として知られているのが琵琶湖周辺、滋賀県です。鮒をはじめとした川魚が豊富に獲れること、稲作がさかんなことで、奈良時代からなれずしがつくられてきました。近江（滋賀）の鮒寿司といえば、『延喜式』にも記載されているほどで、いまでも滋賀県民の郷土料理として親しまれています。

琵琶湖と、そこから流れ出る河川に生息するニゴロブナを使い、お米と塩とでシンプルに漬け込んだ昔ながらの製法で、発酵によって旨味が増幅されており、また独特の臭みが食欲をそそります。お酒にもよく合います。滋賀県内各地の寿司屋やレストランなどで食べられるほか、お土産でも定番となっています。とくに子持ちの鮒が高級品とされています。

古代の鮨の面影をいまにとどめる滋賀の鮒寿司、ぜひ食べてみたいものです。

食べ物のしきたり

鯛

日本人に好まれる魚は数あれど、祝いごとで用いられるのは圧倒的に鯛。「めでタイ」こと以外にも理由があります。

お正月や結婚式など、お祝いの席に欠かせない魚といえば、鯛《たい》です。日本人はこの魚を古くから食べており、縄文時代の遺跡からも鯛の骨が出土しています。また『万葉集』には、鯛を食べたいと願う歌が出てきます。

ですが室町時代の頃まで、魚といえば鯛などの海水魚ではなく、淡水魚でした。というのも当時の都、京は海から離れており、また流通システムも整っていませんでした。山国である日本にとって、魚はおもに淡水魚であり、その王様ともいえる存在が鯉でした。堂々たる体格、川を遡上していく力強さからも好まれ、宴席のごちそうや贈り物としても親しまれてきました。鯉のぼりを愛でる習慣にもつながっています。

それが江戸時代になると変わっていきます。海に近い江戸が首府となったこと、街道が整備されて

学んで楽しむしきたり

魚のきれいな食べ方

魚をきれいに食べられると、印象もアップ。通常、左にある頭の後ろ側から食べていきます。上の身を食べたら中骨を持ち上げて浮かせ、外していきます。頭と尾と骨をうまく取って、お皿の端に移し、あとは残った半身を食べましょう。箸だけでうまくいかないときは懐紙を使っても大丈夫。懐紙のないような席でも、軽く左手を添える程度ならマナー違反ではありません。

秋刀魚は比較的食べやすい（©Satoshi KINOKUNI）

海の幸が身近になったことから、鯛がお祝いの魚に取ってかわったのです。

　災厄を祓うというその赤い色、「めでたい」に通じる名前、立派な姿かたちから、縁起の良い魚と考えられたのです。またマダイは魚にしては長寿で、20～40年も生きます。これも愛される理由のひとつでした。

　大きな祝宴ともなれば、鯛が尾頭つきで出されることもあります。食べる部位だけでなく、全身すべてがそろい調和した形を日本人は喜び、物ごとや目標をはじめから終わりまでしっかり成し遂げられると考えたのです。

　江戸時代には、七福神のひとりで、漁業や商業を司る恵比寿さまと鯛との組み合わせもよく描かれ、縁起物として定着しました。

食べ物のしきたり

赤飯

赤飯とは、餅米と小豆を混ぜて蒸したおこわのこと。祝いの席でふるまわれるものです。

日本人の心をつくったとさえいえる穀物、お米。真っ白ふっくらに炊き上がって湯気を上げる様子が思い浮かびますが、これは現在のもの。日本に伝えられてきたばかりの頃はずいぶんと違いました。赤かったのです。

お米の種類は大きくふたつにわけることができます。ひとつはインディカ米です。その原種は赤いものでした。東南アジアなど熱帯で食べられており、長細く、ぱさぱさしています。そのため炒めたり汁物と合わせるのに適しています。

もうひとつがジャポニカ種で、白くて粒は短く、炊くと粘り気があります。このふたつの種類からさまざまに品種改良され派生していったお米ですが、縄文時代に日本に入ってきたものは、ちょうどふたつの中間種でした。やや赤かったと想像されています。日本人がまず食べたご飯は、赤飯だったのです。

そしてお米は、栄養源であると同時に、神さまに捧げる神饌でした。儀式のときには欠かせないものとして、日本人は神さまに赤いお米を供え続けてきたのです。

それから日本の気候や風土、日本人の味覚に合うように、長い年月をかけてお米は品種改良されていきました。赤みは抜け、真っ白になり、さらに粘り気強く、湿度の高い列島で生きる日本人好みの風味になっていったのです。

白いお米を食べるようになっても、日本人は神事のときには赤米を用いていました。これまでに述べてきましたが、赤は災いを祓ってくれる色だと考えてきたからです。それに太古から続くしきたりには、やはり古式で臨みたいという気持ちがあったことでしょう。

だからいまでも、祝儀の席には赤飯を炊くのです。現在では赤米がむしろ手に入りにくくなっていますが、その代わりに餅米に小豆やササゲを混ぜて蒸しています。小豆は熱すると赤い色が出てくるため、お米をきれいに薄赤く彩ってくれます。

赤飯はお祝いの席だけでなく、葬儀のときにも食べられています。神事とは祝賀だけではなかったこと、赤が死の穢れを祓ってくれると考えられてきたことが、この風習の根底にあります。

赤飯とは、単におめでたいだけではなく、日本人のルーツに関わる食べものなのです。

食べ物のしきたり

塩

調味料としてだけでなく、お清めとしても使われる塩。なぜお清めに使われるようになったのでしょうか？

人間の食生活に欠かせない調味料、塩。昨今ではその過剰摂取が問題となってはいるものの、塩に含まれるナトリウムは生命活動に必須のミネラルです。

この塩を、狩猟採集時代の日本人は野生生物を通して摂取していました。海の中の魚や貝はもちろん、動物の内臓にも塩分は含まれているからです。意識して塩を摂らずとも生きていくことができました。

しかし縄文時代後期から稲作が始まり、日本人は定住をして、農作業を中心とした暮らしへと次第に移っていきます。食生活も穀物が多くなっていきました。そうすると、不足するのはナトリウムです。そんな知識もなかった時代ですが、人々は本能的に塩を求めました。しかし、四方を海に囲まれた島国であるのに、日本には岩塩などの陸上の塩資源がほとんどありませんでした。

そこで日本人は海藻を使うことを思いつきました。海から海藻をとってきてこれを焼き、その灰を塩代わりにしたのです。藻塩《もしお》焼きというものでした。日本人ほど海藻を食べる人々もいないといわれますが、塩との関わりがその根底にあるのかもしれません。藻塩焼きに使われた土器は、日本各地の沿岸部から発見されています。

はじめはやや荒っぽかった製法も、次第に洗練されていきます。干した海藻に海水をかけて塩分濃度の高い水（鹹水《かんすい》）をつくり、これを土器に入れて煮詰めていくと、あとには塩が残ります。海藻ではなく、砂浜の砂に海水をかけて鹹水をつくり、煮詰めていく方法も採られました。これは次第に大規模になっていき、浜を塩の産地と見立て、各地で「塩浜」がつくられるようになります。海水を効率的に引きこむ場所をつくり、天日干しによって水分だけを蒸発させ、たっぷりと塩分を含んだ砂を採取する方法です。日照時間が長い瀬戸内地方などで塩浜はさかんにつくられました。いまでも瀬戸内海沿岸に塩の名産地が多いのも、このためです。

こうして苦労をしてつくった塩は、貴重なミネラル源であり、また食事に変化を与える調味料として大切にされました。それに自然の厳しい日本では、保存食をつくるためにも塩は重要でした。その防腐性と殺菌効果によって、食べものを長持ちさせてくれる塩……そこに日本人は聖性を見るようになるのです。塩は災いを、穢れを祓ってくれると信じられるようになっていったのです。

現在でも、神社での神事や、お供えものとして使われています。もっともよく知られている風習は、葬儀のあとの清めの塩でしょう（左ページのコラム参照）。

また厄除け、客寄せの意味で、商店の軒先に盛り塩が置かれることもあります。紙をくるりと巻いて円錐形にして、そこに少し水で湿らせて固めた塩を入れ、逆さにして置きます。奈良時代の頃から続く風習だという説もあるようです。この盛り塩を、海の砂でつくることもあります（盛り砂）。原初の塩づくりの姿を見る思いです。

大相撲では力士たちが塩を撒きますが、これも土俵を清める意味があります。いやな客が帰った後に「塩を撒いておけ」なんて言うことも昔はありましたが、これもやはり厄祓い。

神社に参拝する前に、いまでは手水舎で手や口を洗うだけですが、その昔は海に浸かってお清めをしてから向かったそうです。海水は塩そのもの、浄化の水だからです。神奈川県茅ヶ崎市や、宮城県石巻市では、お祭りのときに神輿を海に担ぎ入れます。塩の力で神輿を浄化し、お祭りの成功と地域の無事を願う……この風習は日本の沿岸各地にあります。海と塩との恵みに支えられてきた、日本人の歴史がそこにはあるのです。

知って楽しむしきたり

お清め塩

お清め塩（© kuro3 ／ PIXTA）

お葬式のあとに、小さな袋を渡されることがあるでしょう。お清め塩です。死の穢れを祓ってくれる、あるいは自分も死の世界に連れていかれることを防げるといいます。

ですから、死をふだんの暮らしに持ち込まないよう、葬儀からの帰路、自宅に入る前にこの塩を使います。家の玄関口で袋から塩を取り出し、胸、背中、そして足もとと、順に振りかけていきます。最後にパッパッと手で払いましょう。穢れというものを信じるかどうかはともかく、こうした儀式を経ることで、ひとつの区切りになるのです。大事な人を亡くした悲しみはすぐには癒えません。しかし、そんな人を死に至らしめてしまったものに対する清めの塩と考えることもできるでしょう。

地域によっては、葬儀の参列後に、手を塩水で洗ったり、あるいは浜辺を散歩して潮風に吹かれるといいます。故人を思いながら、塩を浴びて浜辺を歩くとき、ほんの少し心が救われるように思うのです。

食べ物のしきたり

味噌と醤油

ラーメン、炒め料理、お鍋など、「味噌派」か「醤油派」かで分かれることが多いのでは。そのルーツに迫ります。

日本人の食卓に欠かせないものはいろいろありますが、その代表ともいえるのが、味噌と醤油ではないでしょうか。このふたつ、実はもともと、ルーツは同じなのです。

古代人は安定した食料の確保のために、塩（→Ｐ１６６）を使って発酵させる技術を得ました。こうすることで食材を長持ちさせることができるようになったのです。発酵はなれずし（→Ｐ１５９）など、いまの日本の食文化につながるさまざまな発想を生み出しましたが、そのひとつに「醤《ひしお》」もあったのです。

これはつぶした魚や獣の肉に、塩をまぶして、長期保存・発酵させたものの総称です。熟成が進むとやがてうまみが増し、これをおかずとして、あるいは別の食べものにつけて食べるようになっていったのです。縄文時代からすでに原型らしきものがつくられていたようで、醤と思われる遺物が当時の住居跡から出土しています。

肉からつくる肉醤、魚からつくる魚醤、大豆やお米、麦などの穀物からつくる穀醤、さらに中国から伝わった唐醤も加わり、発展していきました。

大豆からつくった穀醤のうち、発酵の途中でまだ豆の形が残っているもの……つまり醤としてまだできあがっていないものが「未醤《みしょう》」と呼ばれ、注目されるようになったのは奈良時代のこと。おいしかったのです。701年に制定された法律書である『大宝律令』には、大膳職《だいぜんしき》という項目があります。宮中の食事についての決まりについて書かれた箇所なのですが、ここにも未醤という記述が見られます。この未醤の読みかた「みしょう」がなまって、「味噌」になったのではといわれています。

平安時代に入り、901年に編纂された歴史書『日本三代実録』や、930年代につくられた辞書の一種である『和名類聚抄《わみょうるいじゅしょう》』には、すでに「味噌」の文字が見られます。塩漬けされた発酵食品からスタートしたものが、醤と味噌とに分化していったのです。平安京では街の東西に市場がありましたが、東側には醤が、西側には味噌が売られていたといいます。

また927年成立の法律書『延喜式』には、上級の役人に対する給料として、お米のほか味噌が支給されたという記述もあります。貴重品、高級品だったのです。だから調味料としてさかんに使われるものではなく、ちびちびとなめたり、ほかの食品につけたりして、大事に食べられていました。

初期の味噌のひとつに、金山寺(径山寺)味噌があります。鎌倉時代に宋に渡った覚心《かくしん》という僧侶が、中国の味噌の製法を学んで帰国し、これを日本風にアレンジしてつくったものです。金山寺味噌の「たまり」の部分は、煮物に使うと実にいい味わいでした。そこで、たまりの多い金山寺味噌をつくるようになっていきます。このたまりこそが、醤油の原型なのです。

室町時代になると醤油という言葉も定着していきます。味噌を経由するのではなく、大豆と塩、麹からつくる製法が確立し、江戸時代に一気に発展していきます。その深い味は日本人を魅了しました。18世紀頃には一般庶民にも広く浸透し、和食の友、食卓の必需品となっていったのです。オランダや中国の船で早くも世界に輸出されるようにもなりました。

一方の味噌ですが、室町時代に大豆の生産量が増加したことで、これも日常的な食品として普及していきます。また、中国から伝えられたすり鉢やすりこぎで、大豆粒の残る味噌をすりおろしてなめらかにして、調味料としても使われるようになりました。

このペースト状の味噌をお湯に溶かし、さまざまな具材を加えたもの……味噌汁の誕生です。鎌倉時代のことだといわれています。戦国時代には各地の武将が、たんぱく源、陣中食として味噌汁を重宝しました。

味噌の製法もまた洗練され、普及化したことで、武将たちは自分たちの故郷でご当地味噌をつくることにも力を入れていきます。

武田信玄の「信州味噌」、上杉謙信の「越後味噌」、伊達政宗の「仙台味噌」などです。江戸時代になると、現在と同じような味噌が一般庶民の家庭でも常備できるようになっていきました。

こうして味噌と醤油は、長い時間をかけて日本人の暮らしに必要な、和食の味つけには絶対に欠かせないものとなりました。どちらも源流は醤にあります。食べものが不足して貴重だった時代の、創意工夫から、すべてははじまったのです。

知って楽しむしきたり

日本最古の味噌・醤油

現存する日本最古の味噌醸造元といわれるのは愛知県の「まるや八丁味噌」。1337年創業で、八丁味噌の老舗中の老舗です。工場見学もできます。醤油醸造元では福井県の室次《むろじ》が現存する中では日本最古です。1573年の創業で、天然醸造しょうゆをつくり続けています。どちらもオンラインショップでも買えるので、古の醤を味わってみてはどうでしょうか。

まるや八丁味噌の味噌蔵（© ひら／PIXTA）

作法のしきたり

箸

箸は日本人が食事をとるときに欠かせないもので、そのために作法も厳しめ。それは箸本来の使用法に由来します。

世界にはさまざまな食器がありますが、箸で食事をするのはアジア人だけです。日本や韓国、それに東南アジアと、どこも中国の影響を受けてきた地域です。そのため、箸は中国発祥といわれています。中国では、その歴史上最古の王朝といわれる殷の遺跡からも、箸らしき遺物が出土しています。

では、中国から伝来するまで、日本に箸はなかったのでしょうか。『魏志倭人伝』には、倭人（日本人）は箸を使わずに手で食事をする、という記述も見られます。一方で『古事記』には、日本神話の一節として、スサノオノミコトがヤマタノオロチとの戦いに赴く際に、川上から箸が流れてきた、というものもあります。

食い違うふたつの書物からいえること。それは中国からもたらされた箸のほかに、日本独自の箸があったのではないか、という説です。そして日本は、食事ではなく、儀式の中で箸を使っていたようなのです。

古代の神事の際、神さまにお供えする食べものを扱うときに、素手で触ることは憚られました。自らの穢れを供えものに、神にうつしてしまう。あまりにも無礼ではないだろうか。直接触れない方法はないだろうか……こうして考え出されたものこそ、箸でした。

その当時は対ではなく、1本きりだったといわれます。竹などの木、あるいは動物の骨を、ピンセットのように折り曲げて使っていたようです。この原始的な箸でもって、神饌を運び、供え、儀式を行なっていたのではないかと推測されています。

北海道や福井県にある縄文時代の遺跡からは、箸と思われる遺物も出土しています。やはり1本で、祭祀用だったようです。

現在でも、この1本箸を使うところがあります。宮中、いまでいう皇室です。天皇が即位後にはじめて行なう新嘗祭（→P50）のことを、大嘗祭《だいじょうさい》といいます。新嘗祭とは秋の収穫を祝うお祭りであるので、農作物をお供えし、実りに感謝するというもので、神饌は欠かせません。この儀式に用いられる食器の数々が「大嘗祭神饌用具一式」という木箱に納められており、公開されましたが、その中には一本の竹を折り曲げてつくった、古式の箸、折箸もあったのです。神事と箸との密接なつながりは、神話の時代からいまに至るまで、連綿と続いていることを示しているようです。

奈良時代になると、仏教とともに入ってきた中国製の、2本に分かれた箸が普及していきます。儀式に使うものではなく、食事のためでした。手づかみよりもはるかに便利で、熱いものも挟めて、それになにより衛生的です。

この食事作法を取り入れたのは、聖徳太子ではないかといわれています。遣隋使として中国に渡り、各地を検分してきた小野妹子は、箸や食器などさまざまなものを持ち帰ってきましたが、これらを使って中国式の食事スタイルを披露したのだといいます。聖徳太子はそんな食事風景を見て、箸を使うことを宮中に奨励しました。

儀礼と、実用。いま私たちが使っている箸は、その両方の意味が込められています。単なる食器ではないのです。新年には箸を新しくする風習もあります。おせちをいただくときは、祝い箸を使うのです。神社で祈祷してもらったあとに、箸をいただくこともあります。赤ちゃんのお食い初めのことは「箸揃え」ともいいます。そして人が亡くなれば、その傍らには箸の刺さった枕飯が添えられます。

日本人の人生のさまざまな場面で、箸は登場してくるのです。それは神と人とをつなぐ、橋渡しすることにルーツがあるからでしょう。

学んで楽しむしきたり

箸の作法とタブー

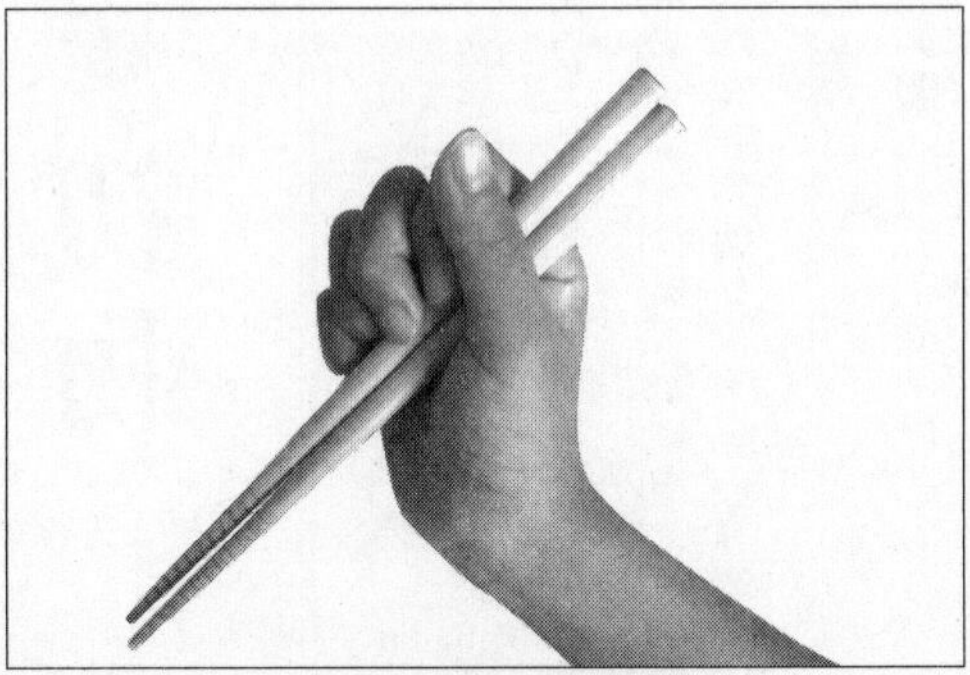
タブーのひとつである「握り箸」

箸はただの食器ではなく、もともとは儀式に使っていたものなのですから、その使い方には当然いくつものマナーがあります。箸から箸にものを渡してはならない、というのが代表的でしょうか。火葬の際のお骨上げを連想させるからです。

どれを食べようかと膳の上を箸がさまよう「迷い箸」、人を箸で差す「差し箸」、箸で皿などを動かしたり引き寄せる「寄せ箸」、2本の箸をつかんで持つ「握り箸」、箸で食器を叩く「叩き箸」……これらはすべて、幼稚な箸の使い方とされています。お椀の中から好みの具だけ探すとか、箸を具に突き刺すことも日本人の食卓では好ましくありません。

逆に言えば、こうした決まりを守れば、美しい食べ方になるわけです。しっかりした大人に見られるでしょう。箸は神事の道具だったという性格から、正しく、きちんとした食べ方を身につけるための道具ともなっているのです。

食べ物のしきたり

初物

とれたての旬の食材のほうがおいしく感じる……そこには、食物が蓄えてきたエネルギーがあるのでしょう。

初鰹や新茶、ボジョレーヌーボーに至るまで、日本人は初物が大好きです。江戸の昔から日本では「初物を食べると75日、長生きできる」なんて言葉も親しまれてきました。

初物とはその年にはじめて収穫された野菜や果物、お米や魚などのことです。年がめぐり、またカツオの季節がやってきたと、今年も秋刀魚がうまそうだと、人々は移りゆく四季の一端を捉えようとしたのです。

冬の間、雪の下で土にこもり、栄養をたくわえていたタケノコやイチゴ、山菜。皐月の頃の風物詩はお茶摘みの光景。夏の太陽のエネルギーをたっぷりと受けたキュウリやスイカ、そして「収穫の秋」には、お米をはじめとして豊かな実りが食卓を彩ります。魚であれば、その時期にだけ海流に乗って、稚魚から成長し、たっぷりと脂の乗った身で日本の沿岸にやってくるのです。

知って楽しむしきたり

秋茄子

旬についてのことわざの中に「秋茄子は嫁に食わすな」というものがあります。姑のいじわるだという説もあるのですが、逆の話も伝わっています。ナスは身体を冷やす効果があるとされ、妊娠中に食べるのはあまりよくないと思われていたのです。種子が少ない野菜であることも縁起が悪いと思われました。嫁を気遣うことわざなのかもしれません。

こうした「旬」のものは、それぞれに合った季節に育まれ、出回っている食材の中でもっとも栄養価が高いのです。新鮮なだけに味もよく、大量に収穫される時期だから価格も安く、手に入りやすいのもうれしいものです。

現在では栽培技術の発達、養殖の普及などによって、食事からは季節感が薄れ、なにが旬なのかわかりづらくなってしまっています。それはありがたいことでもあるのですが、安くて栄養のある旬のものを食べることがいちばん理にかなっているのです。それを昔の人は「75日の長生き」と表現しました。

四季の鮮やかさが日本の誇りです。季節ごとの食材を楽しむことが、そのまま健康につながるのです。

身だしなみのしきたり

風呂

のんびり湯舟に浸かっていると、身体だけでなく心まで洗われるよう。そんな風呂の歴史を見てみましょう。

日本人ほど風呂好きの民族もなかなかいないのではないでしょうか。シャワーだけでかんたんに済ませてしまう民族も多い中、日本人は一日の終わりにゆったりと風呂に浸かり、たっぷりと汗をかき、心身ともにさっぱりするのです。

休日ともなればスーパー銭湯や温泉に出かけ、家族や友達と湯に入り、食事やお酒を楽しみ、また四季折々の風景を愛でたりもします。風呂は日本人の暮らしに、まさに潤いを与えてくれるものといえるでしょう。

日本人が湯に親しむようになったのは、やはり全土に温泉が点在しているからでしょう。いくつものプレートがせめぎあう、その上に連なる日本列島は、世界有数の火山国です。そのためたくさんの温泉が湧き出しています。遠い昔から、日本人の先祖は温泉に浸かってほっとした顔をしていたことでしょう。

日本最古の風呂は、洞窟などを利用していたのではないかといわれています。その中に焼いた石を敷き詰め、水をかければ、蒸気が洞窟を満たしていきます。熱い蒸気に包まれ、汗をかくことを楽しんだのです。いまでいうサウナでしょう。洞窟や穴ぐらのことを「室《むろ》」といいますが、「風呂」という言葉はここに語源があるともいわれています。

蒸気浴は、奈良時代の頃にはすでに貴族など上流階級の間で普及したようです。とりわけ寺院に設置されていたことが多かったようですが、これは僧侶が読経などの前に沐浴し、身を清めたからといわれています。奈良の東大寺には、往時の風呂「大湯屋」などがいまでも残されています。こうした施設が一般にも開放されていきました。

清少納言の書いた随筆集『枕草子』には、平安時代の蒸気風呂のことが活写されています。また鎌倉時代の歴史書『吾妻鏡《あづまかがみ》』には、かの源頼朝が入浴したことなどが記されています。

共同浴場は寺院だけでなく、街の各所に設置されていきますが、一気に増えたのは江戸時代のことでした。徳川家康が幕府を開くにあたり、たくさんの人々が開発や工事のために江戸に殺到しました。彼らが汗を流し、身体を洗う場所が必要だったのです。

江戸初の銭湯をつくったのは、伊勢与一《いせよいち》という人物だったそうです。現在の都心、大手町の日本銀行本店のそば、日本橋川にかかっていた銭瓶橋《ぜにがめ》のたもとだったといわれます。銭湯は庶民の社交場として大いに賑わい、江戸を中心に全国へと広まっていきます。この時代もまだ蒸気浴が主流でした。そして混浴が普通だったのですが、風紀の乱れが問題となって、規制されていきます。

明治に入ると、大きな浴槽にたっぷりと湯を張って、蒸気ではなくお湯そのものに浸かるようになりました。現在の銭湯の原型がこの頃につくられました。

関東大震災や戦争によってたくさんの銭湯が焼失しましたが、その後に再建されたものは宮造りの豪華な建築様式が主流。世相は暗くとも、銭湯は立派に……という日本人の気持ちが反映されているのです。

一般家庭にも風呂が普及していったのは、戦後の高度経済成長の時期です。その代わりに、銭湯の数は減少に転じていきます。現在は銭湯の経営者の高齢化や跡継ぎ不足、少子化による人口減などに直面し、銭湯の経営はかなり厳しいといわれます。

それでも日本人は風呂を愛し、大切にしてきました。悲しいことがあった日も、疲れた日も、仕事で心がささくれだっていても、風呂に浸かってひと息つけば、気持ちがほぐれていくのを感じるはずです。風呂は日本人の心を、いつも穏やかにしてくれるのです。

浸かって楽しむしきたり

銭湯で楽しむ四季のお湯

自宅の風呂もいいですが、たまには街の銭湯に足を運んでみるのも楽しいものです。銭湯では季節ごとにさまざまな湯を提供しているところも多く、四季を感じられるのです。

お正月は松の葉を使った松湯が定番。門松にあやかっています。松の精油成分には血行促進やリラックス効果があるのです。3月はよもぎ湯、4月は桜湯が人気です。どちらも薬草としても使われているのです。

5月の菖蒲湯はとりわけ有名でしょう。端午の節句のころに浸かると良いとされ、神経痛や疲労回復などに効果があるそうです。また厄を祓えるともいわれます。

そして年末の12月、冬至の頃になると、どの銭湯からも柚子湯の香りが漂ってきます。寒い季節、身体を温める作用のある柚子湯に浸かって、1年を振り返ってみる。来年もがんばるかあ、ときっと思えてくるはずです。

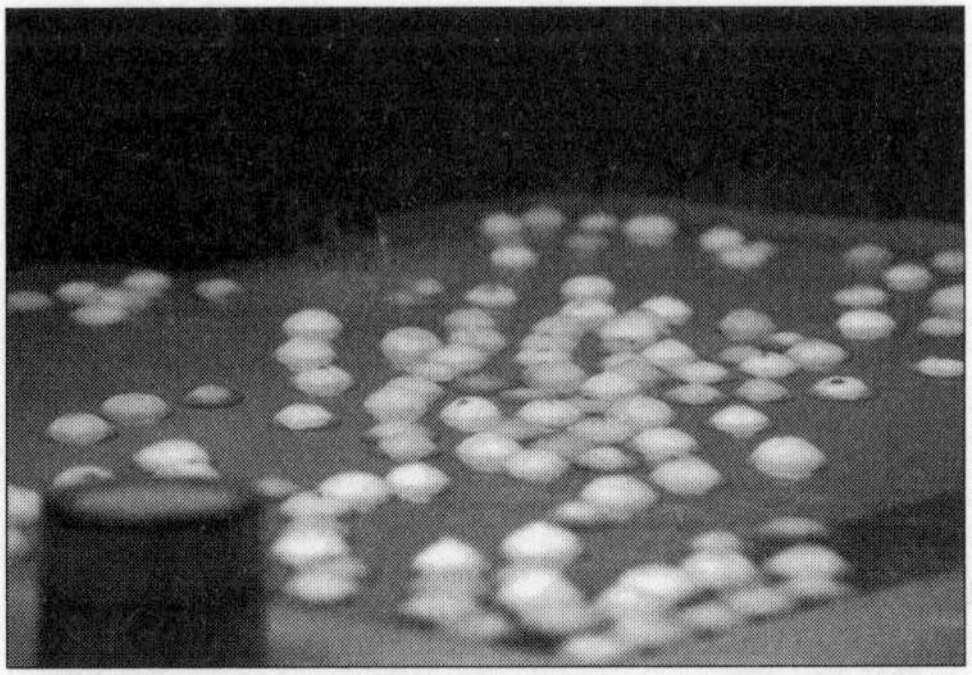

冬至に入る柚子湯

身の回りのしきたり

唐草模様

布地に編まれた模様には、意味があります。ここではその模様のひとつである「唐草模様」をご紹介。

最近では「風呂敷」なんて言い方はあまりしないかもしれませんが、ものを包んだりするための布は、少なくとも奈良時代から使われていたようです。

奈良県にある世界遺産、正倉院からは、僧侶の服をまとめていた「衣包《ころもつつみ》」という布が見つかっていますが、これが風呂敷の起源ではないかといわれています。ちなみに、入浴の際に衣服を包んだことから「風呂敷」と呼ばれるようになったそうです。

そんな風呂敷のデザインといえば、定番はやはり唐草模様でしょう。おもに緑の地に、白く染め抜かれたツタや葉が絡まり、組み合わさっているものです。

ツタは繁殖力豊かな植物で、わずかなすきまにまでどんどん伸びていき、壁を覆い、その先端が螺旋を巻きながら広がっていきます。まさに生命のたくましさを見る思いで、縁起のよい吉祥文様のひ

贈って楽しむしきたり

風呂敷の折り方

贈答品を包むときにも風呂敷は用いられます。おめでたい慶事の場合は、まず左側を折りたたみ、次に上、そして下の布で包んでいき、最後に右側の布が上に来るようにかぶせます。いわゆる「右折り」です。対して弔事の場合は、右側から折っていき、最後に左側が上に来る「左折り」です。これは着物の「左前」と同じです。左が上になると、死者がまとうものとされているのです。

風呂敷の折り方（©katorisi）

とつとして平安時代から人気になっていきました。お祝いの品を包んだり、獅子舞の衣装としても使われるようにもなります。

「唐草」なのだから唐、中国がルーツだろうというのは、実は間違いなのです。確かに日本へ入ってきたのは中国からで、だから唐風の草の模様という名で定着したのですが、源流はさらに、はるか西方にあるのです。

古代からギリシャやインドなどの各地で、唐草模様は使われてきました。アラベスク文様とは、イスラム風の唐草模様のことを指します。これらの源流は古代エジプトやメソポタミアにあり、シルクロードをつたってアジアにもたらされたと考えられています。

贈り物のしきたり

お中元とお歳暮

近頃は「お互いに贈らないようにしよう」という話も聞きます。そもそも、「中元」と「歳暮」とは何でしょうか？

中国で生まれた宗教のひとつ・道教には、「三元」という日があります。1月15日の上元、7月15日の中元、そして10月15日の下元です。いずれも厄を祓う行事が行なわれる日です。このうち中元は罪が許される日として大事にされました。人々は贖罪のために、お供えものを贈っていたといいます。

この習慣が日本にも伝わってきたのですが、中元の時期は日本ではお盆の頃。お盆では家族や親戚が、お供えものやお土産を手に集まってくるものです。この機会に、ふだんは顔を合わせない相手に贈り物をする風習もありました。

常日頃からプレゼントを贈ることが日本人は大好きです。だからお中元は、お互いに贈り物をしあう日として定着していきました。当初は身内相手の習慣でしたが、やがてお世話になっている人

知って楽しむしきたり

贈り物の時期

お中元を贈る時期を逃してしまったら、8月7日頃の立秋までは「暑中見舞い」、8月末までは「残暑見舞い」という名目で贈れば大丈夫です。お歳暮だったら、新年の「お年賀」として、また1月5日を過ぎたら「寒中見舞い」として贈りましょう。

なおどちらか片方だけ贈る場合は、お歳暮がいいとされています。1年の感謝と、来年への挨拶が込められているからです。

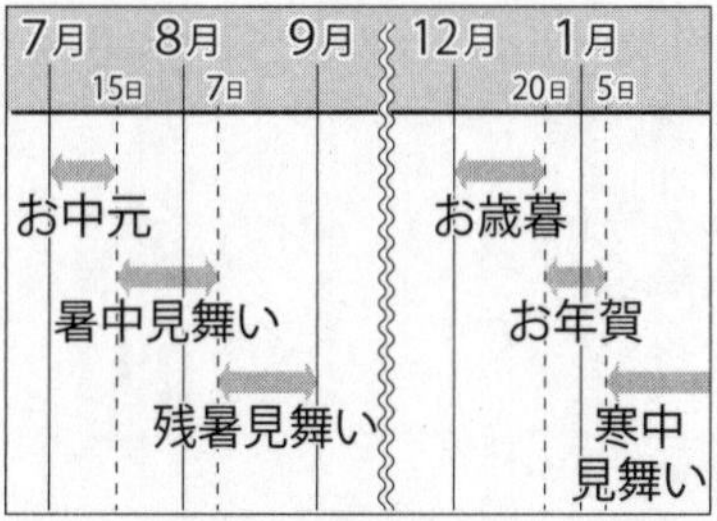

に感謝をする行事になっていったのです。いまでは7月はじめから、15日頃までに贈るものとされています。

お歳暮もやはりお供えものが源流です。年越しのときにやってくるご先祖さまに供えるために、鮭やブリなどを、実家や本家に贈っていたことがはじまりです。これはお正月にいただくものでもあったので、保存食が好まれました。塩漬けの新巻鮭がいまでも用いられるのはそのためです。

こちらもいつしか、お世話になっている人に贈り物をする日となりました。12月はじめから20日くらいまでが、お歳暮の時期です。

お中元とお歳暮の習慣が定着したのは、江戸後期から明治時代の頃といわれます。

身の回りのしきたり

六曜

ただの迷信と思われながらも、今も根強く残る暦の文化。実は、注目されたのは意外と最近のことでした。

先勝、友引、先負、仏滅、大安、赤口。

カレンダーの端に、そっと書かれてあるこの用語は、「六曜」と呼ばれています。大安は縁起がいい、仏滅は縁起が悪い、ということくらいは、誰でも知っているでしょう。

六曜は古代中国で使われていた暦のひとつで、考え出したのはかの三国志の英雄、諸葛亮孔明だといわれます。稀代の軍師であった彼は、戦いのときに六曜をもとにして吉凶を占い、戦況を有利に運んだのだとか。しかしまた、六曜と孔明とは関係がないという説も根強く、その発祥について詳しいことはあまりわかってはいません。

日本に入ってきたのは鎌倉時代から室町時代にかけての頃だといわれていますが、クローズアップされるようになったのは江戸末期、幕末でした。その日の運勢を占い、行動を決める指標としてさかんに使われるようになったのです。不安定で先行きの見えない世相が、人々をそうさせたのかもしれません。

しかし明治の新政府は、六曜を否定して禁じました。近代国家を目指した明治政府は、六曜は迷信であり、六曜に基づいて暮らすのは良くないとして、カレンダーからも削除したのです。当の中国ではほとんど使われることがなくなっていたこともあります。

第2次大戦後になると再び愛用されることになります。現代までも、おもに冠婚葬祭の日取りを決めるために使われています。好まれるのは「なにをしてもうまくいく」という大安でしょう。「大安吉日」ともいわれ、結婚式や結納のほか、お祝いはこの日を選んで行なうべき、と信じられています。仏滅は凶の日であり、婚礼を上げる人はまずいません。ですがこの日は、仏教とは何の関係もないのです。お釈迦さまの入滅にも関連性はありません。

ほかの日はずいぶんと、勝負事に絡んでいるものが目立ちます。先勝は急げば勝ちあり、午前中は吉で午後は夕方まで凶。友引は友を引くから葬儀をしてはならないといいますが、勝負事は引き分けになるとの意でもあります。先負は焦ったら負け、赤口は午の刻（11～13時頃）が吉で勝負はこの時間に……どこかギャンブルの匂いも漂ってきます。事実、中国では賭博の験担ぎに使われていたという説もあるようです。

身の回りのしきたり

折り鶴

祈りとともに捧げられる千羽鶴。そこには、あるひとりの少女の物語がありました。

海外旅行に行ったとき、折り紙で鶴を折ると驚かれたという経験のある人は多いのではないでしょうか。日本人ならかなりたくさんの人が知っている鶴の折り方ですが、なじみのない外国人にしてみると、芸術にすら見えるようです。

その折り鶴は室町時代からずっと親しまれてきました。源流は折形《おりがた》という作法にあったといわれます。美しく折りたたんだ和紙で贈り物を包み、渡すことが、儀礼として尊ばれたのです。折形にはいくつもの流派があり、腕を競っていました。さまざまな折り方が発明されていきます。

鶴もそのひとつでした。鳥の中では寿命がおよそ30年、個体によっては80年と長生きする鶴は、長寿の象徴でした。「鶴は千年、亀は万年」という言葉もあります。それに、羽ばたき滑空する姿の流麗さから、鶴は鳳凰と並び、福を呼ぶ瑞鳥《ずいちょう》と呼ばれてきました。その形を模した折り鶴は、縁起物で

知って楽しむしきたり

千羽鶴の少女

千羽鶴の少女、佐々木禎子《さだこ》さんは、わずか12歳でこの世を去りました。入院している間に、彼女は1000をはるかに超える鶴を折りました。

禎子さんは広島平和記念公園に立つ「原爆の子の像」のモデルとなっています。原爆が投下された8月6日には、いまも毎年、世界中からたくさんの折り鶴が届けられます。

原爆の子の像（©Dai Fujihara）

もありました。

やがて江戸時代には、鶴そのものではなく、折り鶴を着物や器などの模様に使うようにもなっていきます。長寿をもたらす鳥であることから、病気の人や入院患者に贈るという風習も、昭和になると定着していきました。

そんな鶴を千羽折って、病の回復を祈る……千羽鶴が広く知られるようになったきっかけは、広島への原爆投下でした。被爆して白血病を発症した少女が、元気になりたいと祈りを込めて病室で千の鶴を折り続けたことが、日本全国に感動を呼んだのです。

身の回りのしきたり

占い

人の運命を示す占い。信じるか信じないかは人それぞれですが、古代では生きる道しるべそのものでした。

ネットやテレビ、新聞の片隅にまでも、占いはあふれています。星座、血液型からその日の運勢を占うといったお気楽なものもあれば、街角の易者やカリスマ占い師に人生の重大な選択を賭ける人もいます。

先行きの見えない人生、なにか指針となるもの、道しるべを教えてほしいと思うのはいまも昔も変わりありません。人類はその歴史がはじまって以来ずっと、占いに頼ってきたのです。

古代の政治そのものが、占いのようなものでした。これは日本も同様です。世をどう治むるべきか神職や巫女が神意を伺い、いただいた答えに従って、統治者が集団をまとめあげていきました。政治と神事は一体でした。古くは「太占《ふとまに》」や「亀卜《きぼく》」という占いが行なわれていました。中国から伝わったもので、鹿の骨を焼いたときに現れる模様や、ひびの割れ方で吉兆を占ったといいます。

知って楽しむしきたり

太占を行なう神社

太古そのままの太占が行なわれているのが、東京都の武蔵御嶽《むさしみたけ》神社です。毎年１月３日の早朝に、鹿の肩甲骨を焙《あぶ》って、ひびの入った位置によってどの作物がよく実るか、あるいは不出来かを占います。

神事そのものは秘中の秘として公開されていませんが、太占の結果は当日に見ることができます。

武蔵御嶽神社拝殿

星の動きや干支などさまざまな要素を加えて占いは洗練されていきますが、平安時代になると陰陽師が活躍するようになります。占いを専業とし、政府や宮中で強い力を持つ官職、いわば公務員のことです。

いまもお抱えの占い師をひそかに抱えている政治家もいるといわれますが、古代からいままで、政治的な決断というものは占いに頼りたくなるほど重いものなのかもしれません。

だから私たちも、ときには占いに頼ってもいいのでしょう。どうしたらいいか道に迷ったとき、決断を神さまに委ねてみるのです。なにもかも自分で背負わず、占いに任せてみると、いくらか気持ちも楽になるはずです。

身の回りのしきたり

お地蔵さま

昔話にも頻繁に登場することから日本人になじみ深いお地蔵さま。お地蔵さまとは一体何なのでしょうか？

街を歩いていると、ふと出くわすことのあるお地蔵さま。お寺の境内に立っていることもあれば、繁華街の中に唐突に現れたりもします。このお地蔵さまとは、仏教において悟りを求める、高位の修行者のひとり……つまり、菩薩なのです。正しくは地蔵菩薩といいます。仏教がインドで生まれた当時に使われていたサンスクリット語では、クシティガルバと呼ばれていました。お地蔵さんは、古く遠いインドからやってきたのです。

その地蔵菩薩は、人を地獄から救ってくれる存在だと信じられていました。奈良時代に日本に入ってきた仏教の考えでは、現世で悪事を働くと、死後さまざまな種類の地獄に落ちることになります。この苦しみを、地蔵菩薩は代わりに受けてくれるのです。罪を犯さずに生きている人間なんていません。誰だって、地獄に落ちてしまうかもしれないのです。それでも現世でお地蔵さまを大事にしていれば、あの世でも助けてくれるかもしれない……お地蔵さまはそんな人々の思いを背負っている、いわば庶民のヒーローなのです。

お地蔵さまは、人間たちの中でもとくに子どもを守ってくれます。小さいうちに不幸に見舞われて亡くなってしまった子どもは「親を悲しませた罪」で、賽《さい》の河原で延々と石を積む責め苦を受けるといわれますが、そこに登場して救済してくれるのがお地蔵さまなのです。このため子守地蔵や子育地蔵などがたくさんつくられるようになりました。赤いよだれかけをつけているお地蔵さまもよく見ますが、これは子どもを守ってほしい、健康に育ってほしいという願いが込められているのです。

京都など関西では、8月の23、24日に地蔵盆が行なわれます。地蔵菩薩の縁日（→P90）です。地域のお地蔵さまを洗い清め、よだれかけを新しくし、お供えをして祀ります。地蔵盆には子どもたちも参加する慣わしです。

お地蔵さまはいつしか、道祖神《どうそしん》信仰と結びついていきました。四つ角だとか、村と外界との境界など、あちこちに石碑として置かれて、安全を守るといわれた道祖神。これと地蔵菩薩信仰が一体化していったため、お地蔵さまはあちこちにたくさんあるのです。日本人にとって、もっとも身近な祈りの対象かもしれません。

身の回りのしきたり

箒

チャンバラごっこをしたりまたがったりと、遊びに使われることも多い箒。古くは神聖なものとして扱われてきました。

自律して動いてごみを吸い取るロボット掃除機が人気になっているいまの世でも、箒やはたきといった昔ながらの掃除道具はまだまだ健在です。

とくに箒は、古くから使われてきました。現存している最古の箒は、奈良県の新堂遺跡から出土したもので、古墳時代の5世紀後半にさかのぼるそうです。広葉樹の小枝を束ねたもので、およそ45センチというから手箒のような感じでしょうか。

この箒は、祭祀に使われる道具と一緒に発掘されています。掃除の道具ではなく、なんらかの儀式に使っていたようなのです。家の中や庭をきれいにする道具である箒は、災いをも掃き清めてくれるものとして、大切に扱われてきたのです。

なお「箒」とは「ははき」が語源です。もともとは鳥の羽からつくったもので「羽掃き」と呼ばれていたそうです。やがて「箒」の字のほうが使われるようになっていきます。

『古事記』にも、箒についての記述があります。「玉箒《たまばはき》」「帚持《ははきもち》」という言葉が見られるのです。玉箒の玉とは、人の命や魂を表しているといわれます。その字を箒につけて、美称としたのです。また帚持は、人の死にあたって、箒を持って葬列に加わった人のことです。葬儀のあとに箒を使って、墓所を掃き清める役割があったようです。こうしたことからも、古代においては箒がいかに神聖視されてきたかが伝わってきます。

世の中の森羅万象に神さまが宿ると考えてきたのが日本人ですが、箒も同様でした。箒に宿る箒神は、穢れや災厄を掃いてくれるものと考えられてきました。

この箒神は、お産に関わる「産神」のひとつとされています。箒はものを掃き、払う道具です。その機能が、赤ちゃんを体外に出す、出産という行為に重ねられたようです。箒神は出産に際して訪れ、安産を見守ってくれる神さまなのです。だから「箒神がやってこないとお産ははじまらない」という言い伝えもあります。

出産のときには、お産をする部屋に箒を逆さに立てかけて、お酒を供える習慣もありました。妊婦の傍らに、やはり逆さに立てておくと安産になるともいわれます。逆さにした先から箒神が降りてきて、柄をつたって妊婦に宿り、お産の手助けをしてくれるのです。また新品の箒で妊婦のお腹をなでたり、箒の先端を折ってそれを妊婦の髪飾りにしたりして、無事な出産を祈ることも広く行なわれてきました。

穢れを祓うだけではなく、新しい命の誕生に関わる箒を、日本人は神さまと見てきたのです。だから「妊婦が箒をまたぐと難産になる」という言葉もあります。古い箒の結び目を解かないまま捨ててしまうと、やはり難産になってしまうといいます。箒を踏みつけたりすれば罰が当たると昔の人は子どもたちに教え諭してきました。ただの掃除道具ではないのです。

祭祀に、日々の掃除に使われてきた箒ですが、室町時代に入る頃には箒売りという職業が定着していたようです。当時のさまざまな職業の人々が登場して歌を詠みあう『七十一番職人歌合』の中に、箒売りの姿もあるのです。

江戸時代に入ると、棕櫚《しゅろ》を用いた箒や、普及が進んだ畳を掃くための座敷箒など、用途に応じてさまざまな箒がつくられるようになります。いまではプラスチックや植物の繊維なども使われています。

ひんぱんに掃除をし、ハウスダストなどを箒で掃き出し、いつも清潔にしておけば、健康につながるというものです。日本人が大事にしてきた箒を使って、今日も掃除をしましょう。

知って楽しむしきたり

出産にまつわる神さまの話

高忍日賣神社鳥居（© わたゆう／PIXTA）

愛媛県松前町にある高忍日賣《たかおしひめ》神社は、日本でただひとつ産婆や乳母を祖神とする神社です。伝説によると、日子穂穂手見命《ひこほほでみのみこと》と妻とが船で海を渡っていたときのことだそうです。妻がとつぜん産気づくのです。近くの海岸に船を寄せてお産がはじまりますが、海からたくさんの蟹が押し寄せてたいへんな難産に。これを助けたのが高忍日賣大神《たかおしひめのおおかみ》でした。3人の神を遣わされ、2人は箒で蟹を飛ばし、もうひとりは産婆となってお産を助けたのです。この高忍日賣大神を祀っていることから、安産にご利益のある神社として知られるようになりました。また箒神の神社としても親しまれています。

また毎年3月8日の「母子と助産師の日」、いわゆる「産婆の日」には、安産福運大祭が催されます。全国から助産師たちが集まってきて、神事が行なわれるだけでなく、相談会なども開かれるそうです。

自然のしきたり

富士山

日本一の山・富士山。世界「文化」遺産に登録されました。そこには、日本人と富士山の歴史が関係しています。

森羅万象に神さまが宿ると考えてきた日本人ですが、中でも「山」は特別でした。人間の力の及ばない、巨大にして不動の存在。分け入ってみれば、深い森に覆われ、幽谷が連なり、人間がちっぽけに感じられる自然がどこまでも広がります。一方でその恵みによって多くの生き物たちを育む場所でもあります。

日本人は、そんな山に神さまを見て、信仰の対象としてきました。山の雄々しさをもっとも感じられる場所に鳥居を立てて、拝んだことが神社のはじまりだともいわれます。原初の神社には建物がなく、山そのものをご神体として祀っていたのです。

国土の7割を山岳地帯が占める日本だからこそ、山を神格視する考えが生まれてきたわけですが、最大の「聖地」は、やはり富士山です。

標高3776メートル。日本でいちばん高い山、というだけではありません。独立峰として周囲を圧し、気高くそびえるその姿。雪を抱いたときの清浄さ。麓に広がる森林や湖などの大自然。あらゆる意味で富士山は、日本一の山なのです。

そして富士山はただ美しいだけではありませんでした。太古からたびたび噴火し、大きな被害をもたらしてきました。いまも噴火に対して警戒が続けられている活火山です。地の底から湧き出る、大地の怒りにも似た噴火の姿に、日本人は畏れを抱いたことでしょう。だからこそ富士山を崇めたのです。

縄文時代からすでに、富士山は信仰の対象だったと考えられています。静岡県や山梨県には、富士山をよく望める位置から縄文遺跡が発掘されています。富士山を祀っていた跡ではないかといわれているのです。

この富士山が激しい噴火を起こしたのは864年のこと。貞観《じょうがん》の大噴火です。このときに流れ出した大量の溶岩の上に、いまも広がる樹海が形成されました。溶岩は麓にあった大きな湖にも流れ込み、埋め尽くし、残った小さな湖が西湖と精進湖となりました。当時の人々の恐怖と驚きはいかばかりだったでしょうか。その後も平安時代にはたびたび噴火があり、これを鎮めるために浅間神社が建立されたと伝えられます。ご神体は富士山そのものでした。

11世紀に入って富士山の活動期がひと段落すると、すっかり神聖化されていた富士山に登ることが、すなわち信仰であるという考え方が現れてきます。登拝です。これはやがて、山地にこもって修行をすることで悟りを得られるという修験道と結びついていきました。多くの人々が、修行の道として富士登山に挑んだのです。

江戸時代に入ると、富士山に登って巡礼し、そのご威光にあやかる富士講が流行しました。人々はこぞって富士山を目指しましたが、誰もが登れるわけではありません。とくに当時は聖地である富士山は女人禁制でした。そこで実際に富士山に行けない人のためにつくられたものが、富士塚でした。富士山を模した小さな山を造営したのです。富士山から持ち帰ってきた溶岩を飾るところもありました。いまでも東京都内だけで50ほどの富士塚が残っています。渋谷区にある鳩森八幡神社《はとのもりはちまんじんじゃ》のものは1789年築で、現存している中では都内最古と言われています。東京都の有形民俗文化財でもあります。

いまではレジャーとしての富士登山が人気です。ユネスコの世界遺産にもなりました。しかし、自然遺産ではなく、文化遺産として登録されたのです。なぜならば、日本人独自の信仰を育んだ聖地であり、また数多くの絵画や歌や物語に描かれた、まさに日本の文化そのものだからです。富士山は単なる山ではなく、日本人の心の根っこにそびえているものなのです。

登って楽しむしきたり

富士山に建つ神社

富士山本宮浅間大社奥宮（© 名古屋太郎）

日本人なら一度は登りたい富士山。その出発点はやはり、麓にある富士山本宮浅間大社でしょう。日本全国に１３００社あるという浅間神社の総本山、かつての修験者や富士講の参加者たちも、まずはここに参拝するしきたりでした。現在の本殿は１６０４年に、徳川家康によって建設されました。境内には富士山の地下から流れ出てくる湧玉池があり、この水で心身を清めておきたいものです。

いまではシーズン中で天気がよければ、登山経験がなくても登りやすい山となっています。少しずつ歩いて標高を上げ、８合目に差しかかると、そこからは神域です。本宮浅間大社の境内と扱われているのです。そして日本一の頂には、やはり本宮浅間大社の奥宮が建っています。日本でもっとも高い場所にある神社に参拝して、富士登山を締めくくるのです。山そのものがご神体であるという意味を、きっと実感するでしょう。

祝い事のしきたり

松竹梅

「今日は奮発して松の御膳にしよう」という会話もよく耳にします。3つの間の序列についても紹介します。

おめでたい席でよく見かける、松竹梅。屏風に描かれていたり、絵画や花札のモチーフになっていたり、あるいは食器などにデザインされていたり。三種の木と花が組み合わされて華やかに彩られ、いかにも縁起が良さそうです。

この松竹梅は、中国に源流があります。10〜13世紀の宋の時代、好んで絵画の題材にされるようになったのです。

常緑樹である松は、1年中ずっと青々とした葉を茂らせている木です。その雄々しさ、たくましさは、生命力の象徴と考えられてきました。竹も冬の寒さに負けることなく育ちます。どんな環境でもすくすくと伸びていく様子、しなやかな弾力性には、やはり力強さを感じます。また竹の子の生育の早さにも、子孫繁栄を見たのです。

そして梅は、冬の間に力を蓄え、まだまだ寒い季節に、ときには雪が降るさなかに花を咲かせます。雪と淡いピンクとの見事な対比に、人々は春が近づいてきたことを知るのです。

この3つを組み合わせて描いたものを「歳寒三友《さいかんのさんゆう》」といって、長寿祈願、一族平安をもたらすものとして好みました。これが日本に入ってくると、いつしか「おめでたいもの」に変わっていったのです。

日本独自の神道の世界観も混じりあっていきます。たとえば松は、お正月に門松として使われることで知られています。松はお正月にあの世から家に戻ってきたご先祖さま（歳神さま）が宿る場所、依代と考えられてきました。また、竹は古くから食器や家具に使われていて、日本人の生活に密着してきた植物。地鎮祭では竹を四方に立てて仮の神殿とし、神籬《ひもろぎ》とします。こんな風習から、松竹梅は日本では吉祥の木々となっていったのです。いまではお正月の羽子板や凧、千歳飴（↓P73）の袋、かるた、酉の市（↓P52）の熊手、そして結婚式の引出物などなど、さまざまなものに描かれています。

ところで松竹梅といえば、うなぎ屋や寿司屋でもおなじみ。値段的にも内容的にも松＞竹＞梅という序列があり、これは一般社会でも格づけを表すときに使われていますが、本来は3つの間に上下はありません。飲食店が考え出したものだといわれています。

自然のしきたり

桜

春の訪れを目から感じさせてくれる桜の開花。中世には歌の題材になり、古くから日本人が愛でてきました。

日本人がいちばん大好きな花……それはきっと、桜なのではないでしょうか。冬の寒さもすっかりやわらぎ、いよいよ春だという頃。咲き乱れる幻想的な桜を見上げ、誰もが足を止め、和まされるのです。

しかし桜が列島を彩っているのは、ほんのわずかな季節だけ。春の変わりやすい天候の中で風雨にさらされ、あっという間に散ってしまうのです。そのはかなさ、刹那さも、日本人の心を打つものでしょう。人の世の短さ、人生のあっけなさを誰もが思い、散る桜に重ねて愛おしむ。桜には日本人の人生観のようなものも投影されているのかもしれません。

桜は日本に固有種のひとつがあり、山野から日本人の暮らしを見守ってきました。その可憐な花が咲き誇るのは、ちょうど1年の農作業がはじまる時期でもあります。厳しい冬が終わったこと、いよいよ田畑を耕す季節が巡ってきたことを告げる桜に、日本人は豊穣の象徴を見たのです。

古代、桜といえば自然に生えている山桜のことでした。少しずつ温かくなっていくに従い、つぼみをふくらませ、色づいていく様子を、人々は「山の神が降りてきている」と捉え、特別な花として大事にしてきたのです。桜は日本人の生活サイクルの中に、古くから組み込まれてきたような存在なのです。

『古事記』『日本書紀』に登場する神話のヒロイン、木花咲耶姫《このはなのさくやびめ》は、桜の化身だといわれます。神々の中でもとくに美しいのだとか。天照大神の孫である邇邇芸命《ににぎのみこと》がこの世に降りてきたときに、大山津《おおやまつ》見神《みのかみ》は自らの娘ふたりを差し出しました。醜い姉・岩長比売《いわながひめ》と、美しい妹・木花咲耶姫。邇邇芸命が妻として選んだのは妹でしたが、ここには落とし穴があったのです。姉を選んでいれば、岩のように永遠に生きながらえることができたのです。しかし妹は木の葉のようにすぐ散る存在。邇邇芸命の命もはかないものとなるだろう。だからその子孫であるいまの人間たちも、寿命には限りがあるのだ……という話。木の葉とはすなわち、桜のことを指しています。神代の頃から、桜と人生ははかないものなのです。

その後、一時期は梅に人気の座を奪われた桜ですが、平安時代に入ると見直されます。平安京には山から桜が植樹されて通りを彩り、たいへんな美しさだったと伝えられています。貴族の間で花見が流行するのも平安時代です。

平安初期に書かれた歌物語である『伊勢物語』には、有名な歌が収録されています。

「世の中に　絶えて桜のなかりせば　春の心は　のどけからまし」

在原業平《ありわらのなりひら》の、平安の人々の桜への愛情が伝わってくるようです。また平安末期の僧・西行《さいぎょう》は
「願わくば　花の下にて春死なん　そのきさらぎの　望月のころ」

と詠い、その願い通りに桜の季節の頃に亡くなったそうです。

またこの時代あたりから、朝廷内の権力争いに敗れた自分を散る桜に例える歌が目立つようになるなど、諸行無常の思いと桜とを重ねる歌人も多くなってきました。

江戸時代になると桜の植樹は全国で進み、また花見も、庶民の間でも広く行なわれるようになっていきました。現在植えられている桜の大部分を占めるソメイヨシノが誕生したのも江戸時代のこと。さまざまな桜をかけあわせて、色合いや咲き方が見事な品種としてつくりだされたのです。

この育成をした植木職人たちが暮らす染井村（現在の東京都駒込《こまごめ》周辺）と、桜の名所として名高い奈良県吉野山、ふたつの地名を取ってソメイヨシノと命名されました。明治以降に大人気となり、植樹が進んだ種です。

体験して楽しむしきたり

日本の桜の名所

吉野山の桜

「ソメイヨシノの里」でもある東京都の豊島区駒込には、都心とは思えない広大な公園があります。そのひとつが染井霊園です。高村光太郎や二葉亭四迷など多くの文人や芸術家が眠る自然豊かなところで、ここには100本ほどのソメイヨシノが植えられています。

すぐそばには、川越藩主の柳澤吉保《やなぎさわよしやす》がつくりあげ、小石川後楽園と並ぶ「江戸二大庭園」と称された六義園《りくぎえん》があります。ここには六義園染井門という門があり、往時が偲ばれます。また高さ15メートル、幅20メートルという巨大なシダレザクラは、春になるとたくさんの花見客を集めています。

日本で最も桜の本数が多い名所は、奈良県の吉野山です。シロヤマザクラを中心に約3万本が密集しているといわれ、豊臣秀吉も花見に訪れています。山全体が桜色に染め上がる春は、まさに圧巻です。

自然のしきたり

梅

桜と並んで日本人に愛される植物、梅。各地にある梅の名所では毎年、「梅見」が行われます。

桜を愛でていた日本人のもとに現れた新しい花……それが梅でした。梅の原産地は中国という説が強く、日本にも奈良時代に中国から持ち込まれたと考えられています。

中国ではおもに果実や薬として利用されていたのですが、日本人は花のほうに注目しました。冬を耐え忍び、まだまだ寒いうちに花を咲かせる梅に、日本人は魅せられたのです。たくましさや生命力の象徴だと考え、好むようになっていきます。

日本でもっとも古い和歌集であり、7～8世紀に成立した『万葉集』にも、梅を詠んだ歌がたくさん収録されています。その数はおよそ１１０。一方で桜を詠んだ歌は40ほど。梅が圧倒しているのです。

「梅の花　散らまく惜しみ　我が園の　竹の林に　鶯《うぐいす》鳴くも」

体験して楽しむしきたり

天神さまの梅

梅の名所も数ありますが、季節になったら近所の天満宮（天神さま）に行ってみてはどうでしょうか。天満宮に祀られている菅原道真が梅を愛したことから、日本各地におよそ1万2000社ある天満宮には梅が植えられているのです。とくに北野天満宮の梅苑は50種1500本の梅が咲くことで有名です。

北野天満宮の梅

奈良時代の官僚である阿氏奥島《あしのおくしま》が詠んだこの歌もよく知られています。梅とウグイスとの組み合わせは、この時代からすでに風流とされていたようです。

平安時代に入ると、国風文化が流行します。唐（中国）風ではなく、国風、和風を大事にしようというもので、その中で中国伝来の梅ではなく、桜こそ花、という意識が強くなっていったのです。

日本を代表する花の座こそ桜に譲りますが、梅は古来の健康食品である梅干しや、梅酒、菓子、いまではジャムなど、さまざまな用途で日本人の生活に欠かせないものとなっています。

食べ物のしきたり

蕎麦とうどん

日本のファストフードともいえる蕎麦とうどん。気軽に食べられるようになるまで、長い時間がかかりました。

日本人はご飯だけでなく、麺も大好きです。ラーメンやパスタのほか、最近はベトナムの米麺フォーやタイ風の焼きそばパッタイも人気になっていて、他文化を貪欲に取り込んでいく日本人らしさを見る思いです。

それでもやっぱり日本の麺といえば、蕎麦とうどんではないでしょうか。どちらが先に日本人の食卓に定着したのか、諸説あり定かではありません。ただ、まずは稲作が普及して、お米が日本人の主食、カロリー源となっていきました。

しかし日本の国土は山岳地帯ばかりです。お米が取れる平野ならいいのですが、そうでないところに住む人は、なにをエネルギーとすればいいのか。試行錯誤した昔の日本人が選んだものは、蕎麦でした。蕎麦は厳しい気候でも、また多少の天候不順や荒れた土地でも育つ強い穀物です。この種子を粉にして、搗き、練り、かたまりにして食べていたと考えられています。いまで言う「蕎麦がき」です。高知県南国市にある田村遺跡など、各地の弥生時代の遺跡からは、蕎麦の花粉が出土しています。

一方でうどんは、大陸から伝来したようです。奈良時代になると遣隋使や遣唐使を通じてさまざまな品がやってきましたが、その中には「索餅《さくべい》」あるいは「麦索《むぎなわ》」と呼ばれるものもありました。それは小麦を粉にして水で練り、縄のようにひねった形をしていました。乾燥させて保存食とし、食べるときは茹でて、醤油や醤（→P170）をつけたそうです。

この麦索を、日本人は細く切って食べるようになります。蒸して温めたものが熱麦、これを冷やしたものが冷麦です。冷麦の名前は現代にまで残っています。麦索をアレンジして、素麺や、うどんが生まれたといわれています。

ほかにも伝承は多く、かの空海が留学先の中国から持ち帰って広めたものが讃岐うどんのルーツという説もあります。やはり中国の、混飩《こんとん》という饅頭のような団子のようなものが原型で、当てる漢字が変わっていって「饂飩《うどん》」になったのだともいわれます。

いずれにせよ、蕎麦もうどんも平安の頃までは貴族の食べもの、ぜいたく品でした。それが庶民の口にも入るようになり、大衆文化として花開いたのは江戸時代のこと。農業や、製粉技術の発達、戦国時代が終わったことで治安や経済が安定したこと、それに伴う道路インフラ、流通網の急速な拡大……いまの日本人が楽しんでいるしきたりや食文化の形が江戸時代に定まってくるのは、こうした理由があるのです。

京や大坂で好まれていたうどんが当初は多かったのですが、蕎麦の里である信州や東北の出身者が増えると、蕎麦屋も急増します。江戸初期には、それまで主流だった蕎麦がきではなく麺にして、醤油とみりんを合わせつゆで食べるスタイルが大流行。これは当時、蕎麦切りと呼ばれました。そして蕎麦と略されていったのです。うどんも普及が進んだ醤油ベースの出汁を使う、いまと同じ食べ方が広まっていきました。

やがて数千軒の蕎麦屋やうどん屋が、江戸の城下を賑わせるまでになったといいます。夜ふけは、風鈴を鳴らして夜食の蕎麦を売り歩く屋台の姿が見られました。

江戸っ子たちはつゆを軽くつけて一気にすすり、蕎麦の香りと喉越しを楽しんだそうです。とくに新蕎麦の時期は香りが高いことで人気でした。こんなことから、いまでも蕎麦を食べるときは、音を立てることが(日本国内では)マナー違反ではないとされています。

蕎麦もうどんも、どちらもお米と同様に数千年の歴史を持ち、日本人の胃袋を支え続けているのです。

贈って楽しむしきたり

蕎麦と贈り物

蕎麦は、人と人とをつないで和ませる役割もずっと果たしてきました。代表的なものは年越し蕎麦でしょう（↓P56）。家族や親しい人と大晦日に食べる蕎麦は味わい深いものです。

もうひとつ、引越し蕎麦も有名です。新しい土地にやってきたら、ご近所に蕎麦を配って挨拶をするという風習がありました。蕎麦の麺の長さにかけて「細く長くつきあってください」という意味があるのです。江戸時代には小豆とお米のお粥をつくって近隣の人々や大家に配っていたそうですが、それがいつしか蕎麦に変わっていきました。

いまではアレルギーの問題もあり、引越しの手土産には蕎麦ではなくお菓子や日用品が人気だそうです。その前に、引っ越してきても挨拶をしない世の風潮もありますが、袖振り合うも多生の縁、という言葉もあります。やはり隣近所を大切にしたほうが、新しい生活もきっと楽しいと思うのです。

年越し蕎麦を食べる男性
（『年始物申 どうれ百人一首』1793年）

おわりに

弥生時代、文明のあけぼの。

なにをもって新しい時代が拓かれたかといえば、よく知られていることですが、それは稲作です。お米をつくることをきっかけにして、日本人は狩猟採集生活から、集団で定住するようになっていきました。やがて国家の原型らしきものが現れ、さまざまな文化が生まれていきます。

日本人はお米とともに、その歩みをはじめました。米食が減っているといわれる昨今でも、お米は日本人の身体をつくり、暮らしを支えている存在です。そんなお米を、私たちはずっと大切にしてきました。

すでに神話の冒頭に、まず謳われています。最高神である天照大御神《あまてらすおおみかみ》は、自ら天上界で、稲作に従事していたといわれています。そして彼女は、孫であり、やがて天皇の祖先となる邇邇芸命《ににぎのみこと》に伝えるのです。

「天上界にあるこの稲を、人間たちの住む地上にも広めるがいい。地上でも田をつくり、お米を育てなさい」

こうして日本人はお米を手に入れた……実際には稲作は東南アジアではじまり、中国経由で日本に伝えられたと考えられていますが、最高神がそんなことを言うほど大事な穀物であり、お米を中心に日本人は文化を紡いできました。そしてお米を大切にしようという気持ちが、さまざまなしきたりを生んできたのです。

箸の上げ下ろし、お膳の配置、食事のときの挨拶……神事のお供えにはお米は欠かせないものですし、おめでたい席をはじめとして儀式のときや赤ちゃんのお食い初めには赤飯を炊く風習です。お正月、お米からつくる鏡餅には、先祖の魂が宿るといわれます。人が亡くなれば枕飯を供えます。

毎年の勤労感謝の日は新嘗祭とも呼ばれます。お米をはじめとした収穫に感謝し、祝う日です。この日、天皇陛下は皇居の中の神嘉殿にその年に収穫されたお米を捧げる儀式を行ないます。日本人にとって特別であるお米は、やがて通貨ともなり、地域の経済規模を表す単位「石《こく》」としても使われました。

お米こそが、日本のしきたりや考え方、死生観、生活習慣の根本にあるのです。弥生の頃から私たちの祖先が連綿と耕し、苗を植え、大事に手をかけ、丹念に育ててきたのは、お米であり、また日本人の魂そのものだったとさえいえるのではないでしょうか。

……なんてことを食事のときにでもたまには考えてみて、日本のしきたりを見直してみてはどうでしょうか。身近なところにこそ、楽しい発見はあるものです。

【主要参考文献・ウェブサイト】

『笑いの日本文化』樋口和憲　東海教育研究所／『イラストでよくわかる日本のしきたり』ミニマル＋ブロックバスター　彩図社／『本当は怖い日本のしきたり』火田博文　彩図社／『日本人が知らない神社の秘密』火田博文　彩図社／『イラストで丸わかり！　神社入門』洋泉社ＭＯＯＫ　洋泉社／『日本人の縁起かつぎと厄払い』新谷尚紀　青春出版社／『日本人の禁忌』新谷尚紀　青春出版社／『和のふるまい─日本の作法と暮らし』監修・近藤珠實　日本文芸社／『「まつり」の食文化』神崎宣武　角川選書／『しきたりの本質　大人のふるまい』ヴィジュアルメッセージ社編集部編　ごま書房／『日本の風俗　起源がよくわかる本』樋口清之　大和書房／『正座と日本人』丁宗鐵　講談社／『図説　面白くてためになる！　日本のしきたり』永田美穂　ＰＨＰ研究所／『日本の奇祭』合田一道　青弓社／『日本トンデモ祭り─珍祭・奇祭きてれつガイド』杉岡幸徳　美術出版社／『和食の常識Ｑ＆Ａ百科』堀知佐子・成瀬宇平　丸善出版／『図説　日本民俗学』福田アジオ・古家信平・上野和男・倉石忠彦・高桑守史　吉川弘文館／『日本人の「しきたり」ものしり辞典』豊島建吾　監修・樋口清之　大和出版／『暮らしの伝承　迷信と科学のあいだ』蒲田春樹　朱鷺書房／『民俗学がわかる事典　読む・知る・愉しむ』新谷尚紀　日本実業出版社／『日本のたしなみ帖　縁起物』自由国民社／『しつけ（双書フォークロアの視点６）』大島建彦　岩崎美術社／『お祓い日和　その作法と実践』加門七海　メディアファクトリー／『日本の行事を楽しむ12カ月　くらしの歳時記』監修・古川朋子　主婦の友社／『美しいＮＩＰＰＯＮらしさの研究』黒田涼・著　亀丘桃花・絵　ビジネス社／『奇祭』杉岡幸徳　有楽出版社／『だから、

うまくいく　日本人の決まりごと』広田千悦子　幻冬舎／『日本社会の決まりごと』日本雑学研究会　明治書院／『目からウロコの日本の神様』久保田裕道　ＰＨＰ研究所／『東京天然温泉ガイド』メディアパル／『1日1杯の味噌汁が体を守る』車浮代　日本経済新聞出版社／『日本人の美しい和のふるまい』藤野紘　河出書房新社／『食の文化史』大塚滋　中央公論新社／『食卓の日本史』橋本直樹　勉誠出版／『和食に恋して』鳥居本幸代　春秋社

年賀状博物館（http://www.nengahaku.jp/）
全国和菓子協会（http://www.wagashi.or.jp/）
日本おにぎり協会（https://www.onigi-re.com/）
一般社団法人おにぎり協会（https://www.onigiri-japan.com/）
全国すし商生活衛生同業組合連合会（http://sushi-all-japan.com/）
たばこと塩の博物館（https://www.jti.co.jp/Culture/museum/index.html）
ＪＡ紀南（http://www.ja-kinan.or.jp/）
マルコメ（https://www.marukome.co.jp/）
神社本庁（http://www.jinjahoncho.or.jp/）
コトバンク（https://kotobank.jp/）

著者略歴

火田博文（ひだ・ひろふみ）

元週刊誌記者。日本の風習・奇習・オカルトから、アジア諸国の怪談・風俗・妖怪など、あやしいものにはなんでも飛びつくライター＆編集者。東京を歩きながら寺社を巡り酒場をハシゴする日々を送る。著書に『日本人が知らない神社の秘密』『本当は怖い日本のしきたり』（いずれも彩図社）がある。

お正月からお祭り、七五三、冠婚葬祭まで

日本のしきたりが楽しくなる本

平成30年1月22日第一刷

著　者　　火田博文

発行人　　山田有司

発行所　　株式会社　彩図社
東京都豊島区南大塚3-24-4
MTビル　〒170-0005
TEL：03-5985-8213　FAX：03-5985-8224

印刷所　　新灯印刷株式会社

URL：http://www.saiz.co.jp
https://twitter.com/saiz_sha

ISBN978-4-8013-0276-1 C0039